Alexander Gruber (Hg.) · Die Fenster des Himmels

Die Fenster des Himmels

Sagen und Märchen
aus der Bibel

Herausgegeben, neu erzählt
und mit einem Nachwort versehen
von Alexander Gruber

Inhalt

Ein Märchen vom Paradiesgarten

Als Licht und Finsternis geschieden waren, Oben von Unten, Himmel von Erde, Land von Meer, Tag von Nacht, und die Sonne, der Mond und alle Gestirne auf- und untergingen, und alles Getier lebte und webte im Wasser, in der Luft und auf der Erde, vielerlei Vögel auch und Gewürm, da pflanzte der Herr all dessen einen Garten in Eden gegen Morgen, den er einhegte, und in den er Bäume setzte, die vielfältig blühten, Früchte und Samen trugen, auch Büsche setzte er hinein, auch Gras und Kraut, alles lustig anzusehen und gut zu essen. Ein Strom floss da, um den Garten zu wässern, der sich vierfach teilte von da aus. Ein Teil floss um das Land, wo man Gold findet, auch Onyx, den Edelstein. Das andere Wasser floss um das ganze Land; dort brennt die Sonne heiß vom Himmel herunter. Das dritte Wasser fließt vor Assyrien, das vierte aber ist der Euphrat, der sich kurz vor seiner Mündung ins Meer vereint mit dem Tigris. Mitten in diesen Garten setzte der Herr des Gartens aber zwei Bäume: den Baum des Lebens und den Baum der Erkenntnis, aber auch den Mann und sein Weib. Von allen Früchten des wunderbaren Gartens durften sie essen, nicht aber von den Früchten des Baums der Erkenntnis, was gut oder böse sei, das wäre tödlich. Diese Warnung konnte freilich nicht gelten bei den Früchten vom Baum des Lebens, denn wer davon aß, der wurde unsterblich.

Was kümmerte das den Mann, der Adam hieß, und sein Weib, die Eva hieß! Sie spielten und lachten den ganzen Tag, tollten durch den Garten, badeten sich im Wasser, ruhten auf schwellendem Moos, versteckten sich, suchten einander und fanden einander zu neuem und leichtem Spiel, lauschten dem

Summen der Bienen, dem Sirren der Käfer, dem Singen der Vögel, ahmten sie nach und fingen an, selber zu singen, Adam von hier, aber Eva von dort, und jubilierten, wenn sie sich trafen im Lied. Ein Tag verging so wie der andere. Wolken zogen über den Garten hin, und wenn es regnete, schlüpften die beiden unter ein duftendes Feigengebüsch. Da perlten die Tropfen über die Blätter und über Evas Gesicht. Das gefiel Adam. Mit seiner Zunge so rot kostete er von dem Wasser auf ihrer Haut. Das war ihm süßer als alle Beeren. Und Evas Hände kraulten in Adams Locken, nichts Weicheres kannte sie, und sie wollte ihre Hände gar nicht wieder zu sich zurücknehmen. So verging in dem Garten ein Tag wie der andere, eine Nacht wie die andere. Die Sonne ging auf und wieder unter; der Mond verblasste, erst recht wenn er tags erschien; nachts strahlten die Sterne oder bargen sich manchmal hinter Wolken, und manchmal erging sich der Herr des Gartens darin, nachsinnend, und sah, dass es gut war, freute sich und entfernte sich wieder. Doch wiegte er hin und wieder sein Haupt.

Tage gab's, da war Eva voll Unruhe, lustig und wieder unlustig, und streifte allein durch den Garten, denn Adam war öfters faul, lag da und schlief. Jedes Mal zog es sie zur Mitte des Gartens, wo der Lebensbaum stand, dunkelgrün, mit kleinen harten Zapfen. Wer wollte die essen? Oder aufbrechen, um an die sicherlich bitteren Samen zu kommen? Wozu? Was hieß sterben? Ja, manchmal verschwanden Tiere und kamen nicht mehr zum Vorschein, aber ihre Jungen ersetzten sie. Der Baum des Wissens dagegen stand lieblich im Laub mit seinen Früchten, die ja klug machen sollten. Das war ein lustiger Baum. Ihr war, als müsste von dem gut zu essen sein. Dann aber, dann ging sie doch fröhlich weiter.

Einmal blieb sie jedoch stehen, denn da war ein Tier, das sie noch nie gesehen hatte. Es sah aus wie eine Schlange, aber der starke, schmale, geschmeidige Leib glänzte und schillerte in vielerlei Farben, die bei jeder Bewegung wechselten, als fiele ein Sonnenstrahl in perlende Wassertropfen, und dieses Tier muhte nicht, mähte nicht, blökte und röhrte nicht, krähte nicht, tirilierte auch nicht, summte und brummte nicht, keckerte oder meckerte nicht, sondern – so war es Eva – fing an zu reden und sagte: »Bist du nicht hungrig, Eva? Warum isst du von den Früchten hier nicht, die doch aussehen, als wären sie gut zu essen? Hat der Herr gesagt, dass ihr nicht von allerlei Bäumen im Garten essen sollt?« – »Wir essen ja von den Früchten der Bäume im Garten«, sagte Eva dagegen, »aber nicht von dem hier, denn von dem hat er gesagt: Esst nicht davon! Rührt's nicht an, das wäre tödlich! Ihr würdet verlöschen wie morgens die Sterne, es würde euch nicht mehr geben.« Da sagte die Schlange, oder was es sein mochte: »Das ist aber nicht wahr! Keineswegs würdet ihr sterben, nein, und das weiß Er. Wenn ihr davon esst, werden euch die Augen aufgehen, und ihr werdet wie Er sein, nämlich wissen, was gut und was böse ist, was schadet und nützt. Das will Er nicht!« Und Eva sah wieder hinauf in das liebliche Laub, ergriff eine der Früchte, die da klug machen sollten, brach sie und fing an zu essen: sie schmeckte gut, saftig und säuerlich, und weil Adam aufgewacht und Eva nachgegangen war, gab sie ihm auch davon. Herzhaft biss er zu. Und sie sahen einander an, als sähen sie sich zum ersten Mal. Begehren schlug aus ihren Augen wie Feuer, und wie Feuer überlief's ihre Leiber, und der Garten, die ganze Welt, loderte auf vor ihnen, sie aber vor ihr: sie vergingen.

Wieviel Zeit verstrichen war, wussten sie nicht, als sie des Herrn Stimme hörten, der in den Garten kam, da der Tag kühl geworden war. »Adam, wo bist du?«, rief er, denn oft unterhielt er sich dann mit ihm und freute sich über seine Zutraulichkeit, wohl auch Wissbegier und rasche Auffassungsgabe, während Eva ein leckeres Mahl aus Kräutern und buntem Obst vorbereitete, die Ohren spitzte und bei Gelegenheit Fragen einwarf, die oft und oft knifflig genug waren. Aber Adam und Eva waren nirgends zu sehen. Was war denn geschehen? Versteckten sie sich? Was hatten sie angestellt? Etwas Verbotenes getan? Doch nicht, so hoffte Er, vom Baum des Lebens gegessen. Das nämlich würde sie unsterblich machen. Vor nichts und niemandem müssten sie sich dann fürchten, nichts und niemanden mehr achten – auch Ihn nicht! Allein die Möglichkeit ärgerte Ihn. Und wieder rief Er: »Adam, wo bist du?« Da erschien Adam und hatte einen Schurz, geflochten aus Feigenblättern, um die Lenden. So auch Eva, die sich hinter ihm hielt. Fast hätte der Herr gelacht. »Wir sind nackt, darum versteckten wir uns«, sagte Adam zaghaft. »Wer hat dir gesagt, dass du nackt bist?«, fragte der Herr. »Das wart ihr immer und habt mir gefallen, so wie ihr wart. Hast du etwa von dem Baum des Wissens gegessen, den ich euch verboten habe?« Und Adam antwortete kleinlaut: »Das Weib da hat mir von dem Baum gegeben, und, ja, ich aß.« Der Herr fragte Eva: »Warum hast du das getan?« Und sie sagte: »Die schöne gleißende Schlange, oder was das Tier ist, hat mich beredet, und so aß ich davon.« – »Die Schlange also, soso!«, sagte der Herr, »Die verfluch ich. Und du, Eva, sollst, wenn du schwanger wirst, Kinder mit Schmerzen gebären, und dein Mann, der da, Adam, soll dein Verlangen sein und dein Haupt.« Da zuckte Eva zusammen. Und zu

Adam sprach Er: »Du hast deinem Weib mehr gehorcht als mir, denn ich habe dir verboten, von dem Baum zu essen, also sollst du künftig im Schweiß deiner Arbeit dein Leben fristen. Hinaus! Ich will euch beide nicht mehr in meinem Garten haben!« Sonst, so dachte Er, essen sie doch noch vom Baum des Lebens, und dann? Er winkte einem seiner Diener, der trug ein glattes, blendend weißes Gewand und im Gürtel ein bloßes, sehr scharfes Schwert. Der führte sie zu einem Tor im Gehege des Gartens, stieß sie hinaus, blieb da stehen und bewacht seither den Weg zum Baum des Lebens – bis heute. Ja.

Von der Sintflut

Eis und Schnee bedecken das Haupt des Bergs Ararat, doch darunter glüht Magma, flüssiges Feuer – ein Widerspruch, der ihm gefiel, dem Herrn der Höhen und Tiefen. Doch als er aufblickte, wurde er zornig: am Lauf der Bäche, Flüsse und Ströme hinab bis ans Meer wohnten jetzt die bräunlichen, nach seinem Maß bemessenen Menschen, und wie schön ihre Töchter waren, hatten die geflügelten Göttersöhne gesehen, gingen ein zu ihnen und erzeugten die Geschlechter der Herrscher und Könige, die leiteten Handel und Wandel und lebten vom Fett der Länder, bekriegten einander auf Gedeih und Verderb, versklavten, wer besiegt wurde, und alle Menschen trachteten nach Bösem und nach Gewinnst – so oder so. Wo waren Ehrfurcht? Frömmigkeit? Recht? Jetzt ergrimmte er über die Brut: sollte sie untergehn! Und das Feuer brach lodernd aus der Tiefe, die Meere wallten empor und überfluteten alles Land. Aus schwarzem Gewölk fiel endlos endloser Regen. Aber zur gleichen Zeit reute es ihn, was er lieblich hatte emporkeimen lassen, für immer vernichtet zu sehen. Dem Utnapishtim ließ er sagen, dass er ein Haus aus Holz bauen solle, das schwimme davon in die Anderwelt. Und zu Noah, dem Alten, der so gern Wein trank, redete er und sagte, Tannen solle er fällen und behauen nach so und solcher Bemessung und einen Kasten mit vielen Kammern und Fächern, großen und kleinen, zimmern lassen. Der würde sich heben im Wasser und nicht untergehen. Dahinein solle er nehmen sein Weib, seine Söhne und deren Weiber und Kinder. So würden alle gerettet. Auch solle er die Arten der lebenden Tiere paarweise hereinholen, denn auch sie sollten nicht ersaufen, ihre vielerlei Arten doch nicht verloren sein.

Alles geschah so. Schrecklich war es und wunderbar. Riesengroß. Und nach hundertfünfzig Tagen verliefen sich die Gewässer. Noah ließ einen Raben durch eine Luke hinaus. Der flog und kam nicht wieder. Da ließ er die Rabe ihm nachfliegen und sandte eine Taube aus. Die kam wieder und trug einen Ölzweig im Schnabel. Die große Flut war vorüber, die Fenster des Himmels geschlossen, und abgetrocknet die Erde. Die Arche aber war gelandet am hohen Hang des Bergs Ararat, und der Herr sagte den Menschen: »Solange die Welt besteht, soll nicht aufhören Tag und Nacht, denn es dreht sich die Erde, auch Saat und Ernte nicht, Hitze und Frost, Sommer und Winter, denn die Erde kreist um die Sonne.« Des zum ewigen Zeichen setze er den Regenbogen aus siebenfach gebrochenem Licht und seinen Farben in die Wolken.

Das gilt, und gilt bis heute.

Doch in der Arche war all die Zeit keine Sünde, nur Ham hatte seinen Sohn Kanaan darin sehr lieb. Den verfluchte sein Großvater Noah aus eifersüchtiger purer Bosheit und Gehässigkeit – die erschreckenderweise bis heute währt.

Wein aber, den schweren, dunklen und süßen Wein, trank Noah noch immer gerne, um nicht geradezu zu sagen: er soff. Und war er besoffen, kippte er hintenüber, als wär er betäubt. Sein Glied blieb aber mannhaft, und seine Töchter sahen das, und weil sie Angst hatten, es gebe auf dem weiten Erdenrund keinen Mann mehr, warfen sie alle Scham von sich. Tja – die Welt will bevölkert sein.

Der Turmbau zu Babel

Er liebte die Höhen, den Wind, der da toste und zog, sich legte und ruhte in unabsehbarer Luft, dann wieder aufbrauste mit Wolken und schwarzen Gewittern, schier endlosem Regen, jetzt klarer herrlicher Sonne, und fuhr herunter vom steilen Zagrosgebirge über die Flüsse und das Land Elam und dessen Stadt Susa, dass er Babel sähe, welches sie bauten im Lande Sinear am drüberen Strom, dem Euphrat. Dort sagten sie: »Lasst uns Ziegel streichen und brennen!« Und nahmen den Lehm zu Steinen und nahmen Bitumen, das ist Erdharz, gleichsam als Mörtel und bauten eine Stadt, die nannten sie Babylon, gruben auch Gräben, tiefe Kanäle, dahinein sie das Wasser des Stromes leiteten, und fingen an, inmitten einen Turm zu bauen, der sollte bis an den Himmel reichen: so wollten sie groß sein und gelten als die Größten der Kinder Adams! Da hin fuhr er wie Sturmwind herab aus der Höhe, dass er sie sähe, die Stadt und den Turm.

Was sah er?

Von weitem sah dies Gewimmel aus wie ein Ameisenhaufen, oder, näher kommend, wie ein Bau von Termiten, denn es gab Straßen, Wege, Kammern, Unterschlupfe in alle Richtungen; noch näher kommend aber im Häusergewirr prachtvolle Bauten aus geglätteten Ziegeln, auch mit spiegelnd glasierten in tiefem Blau voll goldfarbener Bilder von heiligen Drachen und Stieren – schön anzusehen, aber ein Gräuel! Dann jedoch, riesig, ein hoch gebautes Geviert, worauf, als auf einer Plattform, ein zweites, engeres errichtet war, erreichbar über steile, akku-

rat bemessene Stufen, die wimmelten von kräftigen, halbnack-
ten Männern, nach oben schleppend in Kisten und Körben an
Seilen Lehm, Erde, Geröll und gebrannte Ziegel, schleppend
alles für eine weitere Plattform, noch immer geräumig im Aus-
maß, Platz bietend für eine weitere geplante vierte. Und so fort.
Rufe hallten, Befehle, Lieder dazwischen und Flüche. Diese
Menschen von Babylon wollten wohl bis an den Himmel ihrem Mondgott ein Haus erschaffen – pah, einem Gestirn aus
Gestein und Schatten, einem schimmernden Götzen, einem
Nichts im leeren All! – Grotesk! Lachhaft das! Verderben wir
ihnen den Spaß! Verwirren wir ihre Sprache! Dann hat sich's
mit dem Tempelbau, mit dem Turm!

Und so geschah es: ein Gedanke, wie stets in der Zeit, die ihm
nicht existent war, welcher sich doch aber darin entfaltete. So
redeten nun die Menschen, sangen und fluchten bald in Su-
merisch, Akkadisch, Assyrisch, Persisch, Semitisch, Hamitisch,
Japhetisch und zuletzt auch Hebräisch, da sie auszogen mit
all ihrem Vieh aus Ur in Chaldäa, darunter Sarai, die Schöne,
würdig des sieghaften Pharaos von Ägyptenland und seiner
Tempel des Todes, den Pyramiden.

Die Einwohner Babels aber bauten in ihrer Zeit ihren Turm,
darauf auch ihren nachtblauen Tempel des Mondes. Und alles
zerfiel zu Lehm und Staub im Zeitlauf, wie Er, der Herr, sich's
gedacht hat, wenn er jetzt hinauffährt zur Höhe des Bergs
Sinai.

Sodom

Nein, das war ihm noch nicht passiert! Mit dieser Rotte lief er sonst nicht, hing auch mit keinem von denen sonst herum. Heute war's Zufall. Aber als er den einen von den beiden, die hinter Lot über den Markt gingen, kurz ansah und merkte, oder sich einbildete, dass der ihn mit einem Blick streifte, schlug's bei ihm ein in die Magengrube, nein, mittig ins Sonngeflecht, als hätte ein Blitz ihn getroffen. Obwohl er das Maul aufriss, glaubte er zu ersticken. Und jetzt folgte er Lot und den beiden Fremden willenlos, was den anderen Kerlen zum Ansporn diente, die gleichfalls hinterher liefen, sie verfolgten, ihnen Spottnamen und Lästerungen nachriefen. Stehen bleiben sollten sie, Landstreicher, die sie offenbar seien, Rede und Antwort stehen, oder man würde es ihnen zeigen! Hier hätten solche abgerissenen fremden Kerle wie sie nichts verloren! Was Lot sich eigentlich einbilde?! Wenn das seine Sippschaft sei, solle er zusamt ihr verschwinden, und zwar ein bisschen plötzlich! Sie wüssten schon, was sie mit solchen wie ihnen anstellen würden, und zwar auf der Stelle: Sie würden ihnen den Arsch versiegeln und zwar mit ihren immer zuhandenen Prügeln, ob sie sie sehen wollten?! Sie seien das sicher gewöhnt, und dann hätten beide Seiten ihren Spaß, he! Da waren sie an Lots Hoftor. Und das schlug zu.

Er wusste nicht, was mit ihm los war, ihm war heiß und irgendwie seltsam, beinah miserabel, und er lehnte sich gegen die Mauer. Das Geschrei, das Gepolter und Gemache um ihn her hörte er gar nicht. Er wollte, wünschte sich, begehrte, dass dieser Fremde wieder aus dem Tor käme, auf ihn zuträte, den eher schäbigen wollenen Kapuzenmantel um ihn schlüge – mehr wollte er nicht! Mehr wusste er nicht! Dass Lot wieder aus dem Tor kam und die Schreier beruhigen wollte, ihnen womöglich statt seiner Mägde die Töchter zur Unterhaltung anbot, kriegte er gar nicht mit. Die Kerle schrien weiter, das Tor ging wieder auf, der andere Fremde griff nach Lot und zog ihn hinein. Das Tor ging zu und blieb zu. Die Kerle liefen schließlich unter dreckigem Geschrei und Gelächter in eine vom Talglicht verqualmte Kneipe und soffen Wein. Er, im Schattenlicht eines halben Monds, fing an, sich zu besinnen, aber wusste nicht weiter. Was sollte das? Was wollte er …?

Wie schnell die Nacht um war! Im Frühlicht tat sich das Hoftor auf: Lot, seine Frau, seine Töchter und nur die beiden Fremden, alle beladen, traten heraus, gingen rasch zum Stadttor und aus der Stadt, dem Jordan zu. Er, den Schal vors Gesicht gezogen, folgte im Abstand. Inzwischen wusste er, was er wollte: Er würde, sobald sich ungestört die Gelegenheit fände, vor diesen einen Fremden hintreten und ihm sagen, er wolle ihm dienen: ohne Lohn, ohne Bedingung, mit seinem Leben, falls er's verlange, wenn er ihn nur als letzten und niedrigsten Sklaven um sich dulde. – Ja, das würde er tun!

Die Luftexplosion, greller als jede Sonne, zerstäubte ihn und die Stadt in diesem Augenblick.

Der Findling

Die jüngste Königstochter war, was man ein Nesthäkchen nennen konnte: sie war hängen geblieben. Nachdem der ihr früh verlobte Prinz aus dem Süden in einer von anderen als eher harmlos bezeichneten Schlacht gefallen war, und sie angemessen Trauer getragen hatte, fanden die Wesire ihres Vaters, des Pharaos, keinen ihrem hohen Rang entsprechenden Bräutigam mehr für sie. Doch sie beklagte sich nicht. Sie lebte in einem kleinen Palast, der unmittelbar an einem der vielen schmalen Mündungsarme des Nils eigens für sie erbaut und eingerichtet worden war, ohne Pomp, doch mit aller Bequemlichkeit, und umhegt von einer stets freundlichen, aufmerksamen Schar von Dienerinnen und Mägden. Den Prinzen, der im Süden gefallen war, vergaß sie nicht, aber sein Bild verblasste mehr und mehr, auch vor den Augen ihrer Seele. Was sie aber niemals vergaß, was ganz im Gegenteil stärker und stärker in ihr wuchs, war der Wunsch nach einem Kind. Ein Kind hätte sie, hätte ihr Leben, hätte alles verändert. Darüber sprach sie jedoch mit niemandem, auch nicht mit ihrer Amme, die nicht wirklich ihre Amme gewesen war, sondern eine mütterliche Freundin eher als eine Bedienstete oder gar Sklavin. Sie war eine kluge und einfühlsame Frau, ahnte und wusste mehr als das, worüber gesprochen wurde, und ermutigte hin und wieder kleine Ausflüge mit der schön geschmückten Barke aus dem Bezirk des Palasts zum Dorf, das am Schilfufer des Sees lag, zu dem sich der Nilarm erweiterte.

Dort herrschte stets ein arbeitsames, lärmiges, fröhliches Leben, doch fast ohne Männer, die nur zur Regenzeit aus den riesigen Ziegeleien zu ihren Lieben heimkehren konnten.

Frauen und Mädchen verrichteten ohne Murren alles, was da zu tun war. Sie pflanzten Gärten an und ernteten Gemüse und Früchte, sie deckten die bescheidenen Hütten aus Lehm mit Palmzweigen, fütterten die unzähligen Enten und Gänse, fischten im See, kochten die Mahlzeiten, rührten die Soßen, buken das Brot und die Kuchen, auf die sich Scharen von Kindern jeglichen Alters hungrig und lachend stürzten. Das war ein Fest, wenn hin und wieder die Barke der Prinzessin über den See kam! Wenn die schöne, vornehm geschmückte Frau am schmalen Landungssteg ausstieg, und ihre Mägde Körbe voller Leckerbissen ihr nachtrugen, die sie an die halb scheuen, halb zudringlichen Mädchen und Buben verteilte. Manchmal streichelte sie eins der fröhlichen Gesichter, fasste eins oder das andre am Kinn und seufzte. Alle plapperten sie und lachten und sangen in einer Sprache der Gegend, die sie nicht verstand. Doch das machte ihr nichts aus.

Am gegenüberliegenden Seeufer waren in Binsen, Schilf und grünem Papyrus bequeme Plattformen angelegt, waren bunte Sonnensegel gespannt, geschmückte Hütten errichtet, ein sanftes Badebecken bereitet. Dorthin ließ die Prinzessin oft sich rudern. Die zierlichen Dienerinnen nahmen ihr die leichten Kleider ab, den schönen Schmuck, die Perücke mit dem duftenden Salbkegel und legten alles beiseite. Waren das silberne Fäden, die sich durch ihr ebenholzdunkles Haar zogen? Gekleidet in feines durchsichtiges Leinen stieg sie ins seerosengeschmückte Wasser und lehnte sich auf die flachen Stufen. Da! Was war das? Diese Laute? So weint ein Kind! Sie stand auf. Das Wasser perlte, rieselte an ihr herab. »Ein Kind weint!«, rief sie. »Wo ist es?« Auch die Mägde hatten's gehört. Alle gingen dem Greinen und Weinen nach. Die Amme hob ihren Rock hoch und watete ins Schilf. Sie hatte ein Weidenkörbchen gesehen, verpicht mit Erdharz, und unter dem halbrund gewölbten Deckel drangen die Laute hervor. Sie griff nach dem Körbchen und trug es zu der Prinzessin. Die hob den Deckel ab, und da lag das Kind, in Windeln gewickelt wie neugeboren, die kleinen Augen zugekniffen, den Mund zum Greinen verzogen. Die Prinzessin hob es empor und nahm es behutsam in die Arme. »Es hat Hunger!«, sagte sie und schob ihm vorsichtig einen Finger zwischen die Lippen, und daran saugte es. »Gebt's mir!«, sagte die Amme, nahm das Bündel, deckte es auf: es war ein gesundes Knäblein, und sie sagte weiter: »Ich kenne eine Frau im Dorf, die hat vor wenigen Wochen ein Töchterchen entbunden. Die soll ihn zu sich nehmen. Vielleicht weiß sie auch, zu wem er hier gehört?« – »Die soll zu mir kommen und soll ihn nähren!« sagte die Prinzessin, »Ich behalte ihn!« – »Du behältst ihn, Prinzessin?« – »Das tu ich; ich behalte ihn! Er ist mein Kind! Mein Schilfkind! Und er soll Mosis heißen!«

Als Mosis sieben Jahre alt wurde, ersuchte die Prinzessin ihren Vater, den Pharao, um die Gelegenheit, ihm ihren Sohn vor Augen stellen zu dürfen. Er gewährte ihr's. »Das ist Mosis!«, sagte sie, als sie in der Halle vor ihm stand, den Knaben loslassend und ihn zu ihm hinschiebend. »Mein aus dem Wasser gezogenes Schilfkind!« Und der Pharao sah einen weiß gewandeten, beinahe zartgliedrigen Jungen mit schwarzen, glänzenden, wilden Locken und niedergeschlagenen Augen. Er streckte die Hand aus, fasste ihn unters Kinn und hob sein Gesicht empor, dass er ihn ansehen musste. Große dunkle Augensterne, schwimmend in bläulichem Weiß, schlug er auf und sah dem Pharao in die von schweren Lidern verschatteten Augen. Pharao lächelte. Mose aber blieb ernst. »Mach deiner

Mutter Freude!«, sagte Pharao, »Sie verdient es! Wir achten auf dich!« Und zu seiner Tochter: »Ich werde ihm Lehrer schicken!« – »Ich danke dir, Vater, mein König!«, sagte sie, und zu Mose, den der Pharao ledig gelassen hatte: »Komm, mein Sohn!«

Moses wuchs heran, lernte leicht und alles, dessen er habhaft werden, oder das er erfragen konnte, übte den Leib, doch blieb er zierlich und schlank. Sehr klug war er, hell und strahlend, und er hatte ein fühlendes Herz, das ihn, noch eh er eigens in Pharaos Dienst treten konnte, zum vor sich selbst entsetzten, finsteren, ja, Totschläger machte, als er auf einer der vielen Baustellen sah, wie ein Aufseher einen alten Arbeiter gnadenlos auspeitschte. Seine Mutter, die Prinzessin, erfuhr es, erschrak zutiefst, aber half ihm, dem geliebten Sohn, unter Tränen aus dem Land. Sie hat ihn nie wieder gesehen.

Er, der Zierliche, von seinem Gewissen Geplagte, soll aber Hirte geworden sein.

Die Erbtöchter

Milka, die jüngste der fünf Schwestern, sagte: »Ich glaub es nicht! Ich kann es einfach nicht glauben! Unser Vater ist gestorben in der Wüste, krank von all den Strapazen! Und wir, wir sollen jetzt ohne alles dastehen!« Noa, die gerade mit einem Schaff Ziegenmilch aus dem Pferch kam, fragte verdutzt: »Was ist los, Milka, was regst du dich auf?« Und Hogla, unter dem schmalen, schiefen Eingang zu der Laubhütte oberhalb des Flusses – von hier aus hatte man einen klaren Blick auf die Palmenstadt auf der anderen Seite – sagte, und trocknete ihre Hände an einem Lappen: »Ach, du weißt doch, dass sie schon wieder die Männer zählen, alle nach den Vaterhäusern.« – »Weiß ich nicht! Warum denn?« Mahela, die in der Hütte die kleinen Käselaibe formte und zum Trocknen aufs Brett setzte, rief: »Dummchen, weil sie übern Jordan wollen und Jericho angreifen, plattmachen, trotz seiner Mauern!« – »Was ihr ratscht!«, brummte Hogla, »Habt ihr nicht neulich mit dem strammen Burschen von den Palluitern geschäkert, he? Und hat er nicht gesagt, dass die Rubenleute hierbleiben wollen und nicht übern Fluss gehn? Sie haben so viel Vieh, und hier gibt's gute Weiden weit herum, das seht ihr doch. Das gefällt ihnen, nichts Schöneres!« Milka dachte gar nicht daran, sich ablenken, geschweige denn, sich beruhigen zu lassen: »Ja, die, die kriegen's! Die kriegen das Land bestimmt! Sind ja Männer! Und wir? Was ist mit uns?! Wenn wir nicht unter irgendeinem Stein verkommen und verhungern wollen, wir müssen uns als Dienstmägde oder Huren verkaufen, weiß Gott!« – »Nenn Ihn nicht!«, kreischte Mahela, die jetzt neben Hogla aus der Tür kam, »Wenn dich einer hört!« – »Ja, ist gut! Ist gut!«, aber

Milka legte einen Zahn zu: »Seit Tagen zählen sie doch, wie du sagst, jeden Mann und jeden Buben, und läg er noch in den verschissenen Windeln, nach der Vatersfamilie. Aber nein, die Weiber, die Mädchen und die Töchter nicht! Die zählen sie nicht, weil die nicht zählen!« – »Sie haben Angst vor uns«, sagte Thirza leise, die eben den Hang heruntergekommen war, die Älteste der fünf Schwestern. »Angst?«, fragte Noa, »Wieso denn das?« – »Sie sind Feiglinge, das weiß man doch! Ich würde lieber zweimal in die Schlacht ziehn als einmal in Wehen und im Kindbett liegen. Aber Kinder, das Wichtigste, können die Männer ja keine kriegen!« Das war Hogla. Sie hatte, damals fast noch selbst ein Kind, der Mutter bei der Entbindung Milkas beigestanden, so gut sie's vermocht hatte. Die Mutter war aber unter Qualen gestorben. Thirza sagte: »Ob's euch aufgefallen ist, weiß ich nicht, aber unsere Regel nennen sie eine Krankheit. Und das im Gesetz!« – »Da hast du's!«, sagte Milka, »Die sind doch selber krank, aber im Hirn.« – »Also das mal beiseite, deshalb bin ich nicht gekommen«, setzte Thirza erneut an. »Ich komme von der Stiftshütte. Da verlosen sie das Land im Voraus, das ja allen verheißen ist, und das sie erobern wollen. Milka hat Recht: Sie verlosen es an die Männer!« Das setzte ein Durcheinander: »Wer? – Wie bitte?! – Ich sag's ja! – Wieso denn das? – Und wir?! – Nicht zu glauben!« – »Ihr hört richtig!«, sagte Thirza, »Eleasar, der Priester, ihr wisst ja, Aarons Sohn, tut das anhand von Listen, die er aufgestellt hat, und Moses, der Uralte – ich sag euch, der ist so was von gebrechlich inzwischen unter seinem schlohweißen Haar – Moses hilft ihm, will sagen, er tut nichts, sitzt nur da, hinter ihm, aber das stärkt ihm den Rücken.« – »Also …!«, schrie Milka empört. »Also, also was?«, fragte Hogla. »Wir könnten …«, sagte Thirza. »Wir könnten was?«, fragte Noa, eher ängstlich. »Wir könnten hingehen …«, sagte Thirza. »Nein. Das tu ich nicht, lieber nicht!«, sagte Noa. »Und dann? Dann stehn wir da rum?«, fragte Mahela, »Wozu soll das gut sein?« – »Ich sag Euch was!«, sagte Thirza ganz ruhig. »Wir gehen alle da hin und erklären, dass wir nicht damit einverstanden sind.« – »Alle? Ich auch?«, fragte Noa. »Du auch! Du musst ja nichts sagen. Ich finde überhaupt: Milka soll für uns alle reden, die gibt Senf dazu!«, sagte Thirza. »Find ich nicht gut!«, sagte Mahela, »Du regst dich wieder auf, Milka, du schimpfst, das macht böses Blut. Wir machen es so: Du redest, Thirza, und wir unterstützen dich. Wir nicken; unseren Kropf leeren können wir immer noch, wenn's nötig wird.« Damit waren dann alle einverstanden. »Los, zieht euch um, aber schnell! Nehmt eure schönen gestickten Tücher, es eilt!«, sagte Thirza. Und diesmal ging es tatsächlich schnell.

Als sie ankamen auf dem Platz, wo sich die Häupter aller Familien versammelt hatten, saß der Uralte auf einem Hocker, links und rechts von zwei Knaben gestützt, die ihm unter die Arme griffen und seine Hände festhielten, die waren wie Klauen gekrümmt. Um seinen Kopf hingen schüttere weißgelbe Haarflocken, und die Haut des Schädels, die überall sichtbar war, war dunkelbraun, voller schwarzer Flecken, als wäre er schon die Mumie, die er nie werden würde, ob er doch, wie hartnäckig das Gerücht ging, aus dem Großen Haus Pharaohs stammte in Ägyptenland. So saß er am Tor des Vorhofs zur Stiftshütte. Oben konnte man die rötlichen Widderfelle und Dachsfelle sehen, die die Hütte deckten, aber unten die Füße der Säulen des Vorhofs waren von Erz, wie auch die Säulen selber, und dunkel; die Haken und Querstäbe waren aus Silber;

lang schon waren sie schwarz angelaufen, aber die Vorhänge dazwischen waren aus weißer gezwirnter Leinwand. Man konnte sie waschen. Das Tuch vor der Tür zur Stiftshütte, wo der Uralte hockte, aufrecht gehalten von den weißgekleideten Knaben, war gestickt von blauem und rotem Purpur und Scharlach, schön anzusehen, fünf Ellen hoch. Das kannten die Schwestern, mehr aber nicht, denn dem gewöhnlichen Volk war allemal der Zutritt zum Heiligtum verwehrt, erst recht den Weibern, die keinen Gottesdienst tun durften.

Eleasar, der in der Nachfolge seines Vaters Aaron zum Priester geweiht worden war, ging hin und her in seinem Amtskleid, dem Leibrock aus rotem Purpur und gezwirnter weißer Leinwand, an dessen Saum kleine Granatäpfel von rotem und blauem Purpur und weißem Leinfaden baumelten, und dazwischen zirpten Schellen aus dünnem purem Gold. Das war schön anzusehen und fein zu hören. Auf dem Schild vor seiner Brust, das hart anlag über dem Gurt, waren, wie Thirza wusste, die Namen der Stämme eingeschnitten in vier Reihen zwei Steine, die auf Gold befestigt waren: Sarder, Topas und Smaragd, Rubin, Saphir und Demant, Türkis, Onyx, Jaspis, Achat und Amethyst. Eleasar trug einen weißen Hut dazu, wie er so hin- und herging zwischen Moses und den Ältesten und die Landlose verteilte. Ja, es ging um das Land drüben über dem Fluss, das sie an sich reißen und zu ihrer Heimat machen wollten, das verheißene Land: Kanaan. Thirza sah ihre Schwestern an, und Milka nickte, auch Mahela, Hogla und dann, ja, auch Noa. Da trat Thirza dem Eleasar beherzt in den Weg. Der stutzte, sah sie scharf an unter dem weißen Hut hervor, den er trug. Zornig sagte er: »Was!? Was gibt's?« – »Du und Mose, er, der Uralte, ihr verteilt die Lose des Landes Kanaan, wer was besitzen soll, an die Väter, die Söhne und Häupter der Familien«, sagte Thirza, froh, dass ihre Stimme nicht zitterte. »Was willst du?! Dabei hat kein Weib was verloren!«, sagte Eleasar heftig. Er sah sich um, welchen der Männer er mit einem Wink auffordern sollte, sie und die Schwestern aus dem Vorhof zu weisen. »Unser Vater«, sagte Thirza rasch und jetzt lauter, »Zelophehad aus dem Geschlecht Manasse, Josephs Sohn, ist gestorben und hatte keine Söhne, wie ihr wisst. Er ist gestorben auf dem Weg durch die Wüste an all den Strapazen, und er gehörte nicht der Rotte Korah an, den Empörern. Warum soll unseres Vaters Name in seinem Geschlecht untergehen, weil er keinen Sohn hat? Gebt uns, den Töchtern, mir und meinen Schwestern Mahela, Hogla, Noa und Milka, auch ein Landlos unter unseres Vaters Brüdern! Denn wir sind nicht weniger wert als ein Sohn, wir tun nicht weniger und sind nicht weniger treu. Auch wenn wir nicht ausziehn zu kämpfen, kämpfen wir mit!«

Einen Augenblick herrschte Stille. Eleasar blickte zu dem Uralten hinüber, ob er gehört hatte, was da gesagt worden war. Und nun war ein Gebrabbel unter den Männern. Die weißgekleideten Knaben hoben aber den Uralten um ein klein weniges vom Hocker hoch, und das Gemurmel verebbte. Eleasar ging hin zu ihm und beugte sich zu ihm. Sein weißer Hut wurde dabei auf seinem Rücken gehalten von blauer Schnur. War ein Wispern zu hören? Oder war es der Luftzug in den Vorhängen des Vorhofs? Eleasar richtete sich wieder auf, kehrte um und ging die wenigen Schritte zu den Häuptern der Familien und Fürsten der Männer. Die Knaben, wie erschöpft, ließen den Uralten erneut auf den Hocker sinken. Und Eleasar sagte laut, ohne eine der Schwestern anzusehen: »Zelophehads Töchter haben recht geredet. Sie sollen ein Erbrecht unter den Brüdern ihres Vaters haben –« Leise Bewegung kam unter die Männer, leises Murren wie von Kieseln und Sand. »Ihres Vaters Erbe soll ihres sein. Und gäbe es keine Söhne und keine Töchter, sollte das Erbe den Vatersbrüdern zufallen. Und gäb' es auch die nicht, dann den nächsten Blutsfreunden, die ihm angehörten in seiner Sippe und seinem Geschlecht.« Das Murren wurde nun zu einem eher beifälligen Murmeln. Die Schwestern umarmten einander, lachten und küssten sich. Doch eh sie den Vorhof verlassen konnten, wozu sie sich anschickten, sagte hinten einer aus den Familien der Söhne Gileads vom Stamm Manasse, nicht laut, aber vernehmlich: »Wenn nun Söhne aus Familien anderer Stämme die zu Weibern nehmen, wird das Erbteil unserer Väter um so viel verringert, als sie haben. Und das soll Recht sein?« Eleasar stutzte, blickte zum Uralten hinüber, der unbeweglich hockte, und sagte rasch: »Dann sollen sie nur freien unter den Söhnen des Stammes, so bleibt's erhalten.« – »He, das tun wir!«, rief Mahela dem Vetter zu, der gemault hatte, einem währschaften, noch jungen Mannsbild und, ja, tapferen Krieger. »Schick die Tante vorbei! Wir machen's aus!« Alle lachten. »Ja, das tun wir!«, rief nun auch Thirza; Hogla, Noa und Milka nickten und kicherten. Und wie ein Vogelschwarm rauschten, flatterten, stoben die jetzt Erbtöchter waren davon.

Die zweite Hur

In Jericho
Der heiße Wind rasselt im Palmenhain.
Nachts wirft der Mond sein Licht, den Schatten schwer
und schwarz auf Stadt und Höhle, Mulde, Fels;
weit überm Jordan wächst die Wüste: schwarz.

Die Kundschafter
Sie, auf dem Flachdach trocknet sie den Flachs,
bricht ihn und hechelt ihn und spinnt,
Rahab, die Hur und Färberin. Sie färbt
das Garn. Ihr Haus
lehnt an die Mauer. »Liegt! Seid still!«, sagt sie
den Spähern. »Wachen gehn jeder Zeit
da auf dem Umgang.« Unten geht die Tür.

Die Wachen
»Lang fort sind die«, sagt sie. »Die sind
vorbei bloß. – Wollt ihr?«
Sie nimmt die Schürze ab, öffnet den Rock,
den Wickelrock, blutrot.
Und einer tut's im Stehn hinter der Tür. –

Rückkehr
»Ich lass euch nieder, setzt euch in den Korb!«
Sie hangen da im Finstern. Salbei riecht,
schwarzweißes Ziegenhaar, gelöschter Kalk,
die Exkremente im Kakteenverhack.
»Nimm deine rot gefärbten Fäden für dein Haus,

als wär's Lamms Blut, dann bist du frei,
wenn die Posaune schallt vor Jericho.
Nimm Rot,
du Färberin, klug wie du bist!«
sagt ihr der eine, der das Seil festhält. –

So überlebt die Hur von Jericho
seitab der Mörder den
Stillstand der Sonne, Mauerfall und Tod.
Joshua, heißt es, nimmt sie sich zum Weib.

*Nach nicht kanonischer Überlieferung werden in Jesu Ahnenschaft
drei Huren ausgemacht: Thamar, die Schnur Judas; Rahab, die
Färberin aus Jericho, und die Ehebrecherin Bathseba, Urias Weib,
des Hethiters, und nachmals Mutter König Salomos.*

Ruth, die Ährenleserin

Wie jung sie war, Ruth, und wie allein auf der Herrgottswelt, als ihr Mann gestorben war! Naomi, ihre Schwiegermutter, selbst eine Witwe, nahm sie auf in ihr schmales Haus. Doch darbten beide da im Land Moab, denn eine Teuerung kam, Hunger drohte, und Naomi machte sich auf nach Bethlehem in ihre alte Heimatstadt, woher sie gekommen war in ihrer Jugend mit ihrem Mann. Ruth und Orpa, ihre andere Schwiegertochter, begleiteten sie auf dem Weg. Dafür dankte sie beiden, als sie nah der Grenze waren, und beide weinten, denn nun hieß es Abschied nehmen, und sie küsste Orpa, die weinte, und Ruth, die nun wie versteinert dastand. Orpa kehrte um unter Tränen und winkte an jeder Biegung des Wegs, bis sie nicht mehr zu sehen war. Naomi sagte zu Ruth: »Kehr du auch um, liebe Ruth, und geh heim, deiner Schwägerin nach. Wir müssen uns hier trennen.« – »Nein, Mutter, sag nicht, dass ich umkehren soll und dich verlassen. Ich geh dahin, wo du hingehst, und bleibe da, wo du bleibst. Ich will glauben, was du glaubst, und wo du stirbst, will ich auch sterben und will neben dir begraben sein. Schick mich nicht zurück, Mutter!« Das rührte Naomi zutiefst, sie umarmte Ruth herzlich, und beide gingen miteinander weiter auf dem Weg nach Bethlehem.

In ihrer Sippe Haus hatte Naomi um eine kleine Kammer gebeten; die bezog sie nun mit Ruth. Ihren Leuten sagte sie: »Nennt mich jetzt Mara, Mara, die Bittere, denn mich hat Gott gedemütigt und bitter gemacht. Voll zog ich aus, leer kehr ich heim. Meine Söhne hab ich verloren, aber in Ruth eine Tochter gewonnen; sie ist jetzt meine ganze Freude.«

Um diese Zeit fing die Ernte an auf den Feldern, und Ruth sagte zu Naomi: »Mutter, lass mich aufs Feld gehen und Ähren lesen. Ich werde fleißig sein, dass wir im Winter nicht Hunger leiden, denn das sollst du nicht.« – »Ja, geh, Liebes. Es ist ja hierzuland so, dass nicht alles bis an die Enden abgeschnitten und nicht alles genau aufgesammelt wird, damit auch die Armen und Landfremden wie wir etwas haben. Aber hör: gib ja Acht auf dich!« Und Ruth ging den Schnittern nach und ging zu dem breiten Feld, das dem Boas gehörte; der war entfernt verwandt mit dem verstorbenen Mann der Naomi, aber sie kannte er nicht. Auch Ruth kannte er nicht und fragte, als er aufs Feld kam, den Knecht, den er über die Schnitter gesetzt hatte: »Zu wem gehört die da?« Und der sagte: »Das ist die junge Frau, die mit der Naomi aus dem Land Moab gekommen ist. Sie hat mich gefragt, ob sie nicht Ähren lesen und unter den Garben sammeln dürfe, den Schnittern nach, und ich hab's ihr erlaubt.« – »Gut, gut!«, sagte Boas und zu Ruth gewandt: »Bleib du bei meinen Leuten und meinen Mägden. Hier geschieht dir nichts. Ich hab ihnen gesagt, sie sollen dich in Ruh lassen, und wenn du durstig bist, geh nur zu dem Tonfass und trink von dem, was meine Knechte schöpfen.« Und Ruth verneigte sich vor ihm und sagte: »Danke, dass du so gut zu mir, der Landfremden, bist.« – »Du musst mir nicht danken, Mädchen, das verdankst du dir selbst, denn ich habe gehört, dass du deine Heimat verlassen hast und mit deiner Schwiegermutter Naomi hierhergekommen bist und für sie sorgst. Das gefällt mir, bei Gott! Er wird dich unter seine Flügel nehmen, sei ganz zuversichtlich. Wir sind fromme Leut hier.« – »Du tröstest mich, deine Magd, Herr!«, sagte sie. Und da Mittagszeit war, sagte er: »Setz dich her zu uns und iss vom Brot und tunk deinen Bissen in den Most.« Und sie setzte sich neben die Schnitter und aß von dem, was er ihr vorlegte, wurde satt und tat, was übrig war, in ihre Schürze. Als die Männer sich wieder an die Arbeit machten, stand sie auch auf und zwischen den Garben, die aufgesetzt wurden, las sie die abgefallenen Ähren auf und auch die Halme, die liegen blieben, und Boas sagte zu seinen Leuten: »Lasst sie, scheltet sie nicht und vor allem: beschämt sie nicht!«

Als es dämmrig wurde und Feierabend, schlug Ruth die Halme, die sie aufgelesen hatte, aus und tat's zu den Ähren in ihren Sack; kaum konnte sie's tragen, so voll war er geworden, und ging nach Hause, und ihre Schwiegermutter staunte, wieviel sie gelesen hatte, und Ruth holte das Übriggebliebene aus ihrer Schürze; beide aßen und wurden satt. Da fragte Naomi, wo sie denn heute gelesen hab. Und Ruth sagte: »Boas heißt der Mann. Er ist freundlich und hat große Felder.« – »Boas! Lass sehn: Der ist ein Verwandter meines verstorbenen Mannes und eigentlich Erbe des Stückchen Lands, das uns verblieben ist.« – »Er hat auch gesagt, ich solle mich an seine Leute halten, bis alles geerntet sei, dann würde mir nichts geschehen«, sagte Ruth. »Tu das!«, sagte Naomi, »Halt' dich zu seinen Mägden.« Und das tat Ruth, die Ährenleserin, bis die Ernte eingebracht war.

»Hör, Töchterchen«, sagte Naomi an diesem Abend zu Ruth, »ich will dir alle Sorgen vom Hals schaffen; es soll dir gut gehn in Zukunft: Boas, auf dessen Feldern du gelesen hast, hat gedroschen heut Abend auf seiner Tenne. Du bade dich, salbe dich, leg dein Kleid mit dem gestickten Saum an und geh hinab auf die Tenne, aber zeig dich nicht, warte, bis er gegessen und getrunken hat, und merk dir, wohin er sich legen wird, dort geh hin, wenn er einschläft, und deck auf zu seinen

Füßen, da legst du dich selbst hin, und er wird dir wohl sagen, was du tun sollst.« – »Ja, ich tu, was du gesagt hast!«, sagte Ruth und badete sich, salbte sich, legte ihr Kleid mit dem gestickten Saum an, einen Mantel darüber und ging hinab zur Tenne, wo Boas den Weizen drosch. Als er fertig war, aß er und trank, und sein Herz wurde guter Dinge, und er legte sich hinter einen Kornhaufen und deckte sich zu; und sie kam leise und deckte sachte auf zu seinen Füßen und legte sich hin. Als Mitternacht war, wachte er jäh auf und erschrak, beugte sich vor, und da lag ein Weib zu seinen Füßen, und er fragte: »Wer bist du?«, und sie antwortete: »Ich bin Ruth, deine Magd! Breite deine Decke über mich, du bist der Erbe!«

Auch wenn auf der Tenne kein Licht war, erkannten sie sich, und als früh der Morgen anbrach, sagte Boas: »Es ist wahr: Ich bin der Erbe, aber es gibt einen, der ist näher verwandt. Den frage ich heute noch, ob er dich in sein Haus nehmen will als seine Frau. Will er, des Stückchen Lands wegen, so wird es sein müssen nach dem Gesetz; lehnt er ab, wirst du meine Frau, das schwör ich bei Gott. Jetzt lang deinen Mantel her und halt ihn auf.« Was sie tat, und er füllte ihn mit Korn und lud ihn ihr auf. »Dass du nicht leer zu deiner Schwiegermutter zurückkommst«, sagte er. »Und geh ein Weilchen nach mir in die Stadt.« Damit ging er. Sie wartete eine kurze Weile und ging dann heim, und ihre Schwiegermutter fragte sie: »Wie steht's mit dir, Töchterchen?«, als sie ihr den gefüllten Mantel von der Schulter nahm, und Ruth erzählte ihr alles, was geschehen war, und Boas gesagt und getan hatte. Und Naomi sagte: »Lass uns ruhig abwarten, bis wir innewerden, wo das hinaus will. Ich denke mir, der Mann wird nicht ruhen und es noch heute zu Ende bringen.«

Vor Mittag ging Boas hinauf ins Tor, wo die Gerichtslaube war, und setzte sich auf die Bank. Als der Erbe vorüberging, von dem er geredet hatte, rief er: »Komm, setz dich her!« Der tat's, und als die Ältesten der Gemeinde von der Beratung kamen, bat er sie: »Setzt euch her!«, und sie setzten sich, und Boas sprach zu dem Verwandten, der der nächste Erbe war: »Naomi, die Witwe, die aus dem Land Moab zurückgekehrt und uns versippt ist, bietet das Stückchen Grund zum Kauf an, das ihr von unserem Vetter geblieben ist. Willst du's beerben, so kauf es vor den Bürgern der Stadt und vor den Ältesten der Gemeinde. Ruth aber, die junge Witwe des Sohnes unseres Vetters, musst du zu dir nehmen als dein Weib, dass sein Name und Anteil nicht ausstirbt und verloren ist.« – »Ich kann's nicht und will's nicht!«, sagte der Andere, »Ich verstoße mein Weib nicht! Kauf du das Stück Land!« Und er zog seinen Schuh aus, das war von alters ein Zeichen, dass man ein Erbgut nicht kaufen wollte. Boas nahm den Schuh und sagte: »Ich kauf es! Ihr Ältesten seid Zeugen.« Die Ältesten der Gemeinde und alle Leute, die neugierig im Tor stehen geblieben waren, riefen: »Ja, wir sind Zeugen! Dein Erbteil und dein junges Weib jetzt, die Moabiterin, sollen dir und deinem Haus Glück bringen.«

Also nahm Boas Ruth, die Ährenleserin, die er auf der Tenne erkannt hatte, zu seiner Frau. Die Hochzeit war ein großes Fest in der Stadt, und Ruth, als die Zeit um war, gebar zur Freude aller einen Sohn. Da sagten die Weiber zu Naomi: »Gottlob, dass du einen Enkelsohn hast, der wird dich im hohen Alter versorgen, denn deine Schwiegertochter liebt dich, sie ist seine Mutter und sie tut dir besser als sieben Söhne!« Naomi legte das Kind auf ihren Schoß. »Nun heiße ich nicht mehr Mara!«, sagte sie glücklich und wurde die Kindsmagd und Tagesmutter des Kleinen. Boas gab ihm den Namen Obed. Und Obed, wahr und wahrhaftig, wurde der Großvater Davids!

Jephtas Tochter

Jephta war ein Hurenkind. Sein Vater war Gilead aus der Stadt desselben Namens, die die seine war; der nahm sich eine Erbin zur rechtmäßigen Frau, deren Söhne, als sie groß wurden, Jephta aus dem Haus wiesen und sagten: Du sollst nicht erben, du bist Kind eines anderen Weibes! Da ging Jephta fort aus Gilead, doch er war kämpferisch und sammelte Männer um sich, die ungebunden und heimatlos, oft auch landflüchtig waren, und unter Jephtas Führung beschützten sie Gehöfte und Dörfer vor feindlichen Attacken, räuberischen Übergriffen und Erpressungen, solang sie, als eine Art von Tribut, erhielten, was sie brauchten und wollten. Und das ging so, bis die Ammoniter Krieg führten mit der Stadt Gilead, und die Ältesten zu Jephta kamen und sagten: »Komm und sei unser Hauptmann!« Aber Jephta erwiderte: »Ich wurde aus meines Vaters Haus gestoßen in Gilead, und nun kommt ihr zu mir, weil ihr Trübsal blast, und wollt, dass ich euch helfe?« Und die Ältesten sagten: »Hilfst du uns, sollst du unser Oberhaupt sein.« Da wurde Jephta Hauptmann zu Gilead und führte den Streit an und bevor er aufbrach in voller Rüstung, tat er ein Gelübde und sagte: »Siegen wir, soll das Erste, was mir entgegenkommt aus meinem Haus, Gottes sein; ihm gelob ich's und opfre ich's!« Er dachte aber, das würde einer seiner Hunde, die er gern hatte, oder ein Fohlen oder ein Eselsfüllen sein. Er und seine Krieger und die Leute von Gilead obsiegten im Kampf. Sie schlugen die Ammoniter, dass sie flohen, und Jephta kehrte zurück zu seinem Haus. Schon sieht er's da liegen inmitten der Felder und Stallungen, da tut sich die Tür auf, und seine Tochter kommt fröhlich tanzend heraus mit ihren Gespielinnen und Musikanten, ihrem Vater entgegen. Sie war sein einziges Kind, er hatte sonst keinen Sohn, keine Tochter. Jephta sah sie, schrie auf und stürzte zu Boden.

»Vater! Väterchen!«, rief sie, »Was hast du? Was ist dir?« Und versuchte, ihn aufzurichten. »Ach!«, stöhnte er, »Ach, meine Tochter! Wie beugst du mich!« – »Aber was tu ich?! Was ist?« – »Ich kann nicht! Ich kann's nicht sagen! O meine Tochter!« Etliche seiner Leute kamen, hoben ihn hoch und drängten die Tochter ab. »Was hat er?!«, rief sie wieder, »Wisst ihr was?« Einer sagte: »Es geht um dich!« – »Um mich? Wie denn? Was hab ich getan?« – »Er muss es dir selber sagen. Ich kann's nicht!« Jephta schüttelte die Männer, die ihn hielten, ab und griff nach dem so jungen, so leichten, lebhaften und jetzt so verstörten Mädchen. »Kind! Kind!«, sagte er, »Ich habe dich aufgeopfert! Unwissentlich. Unwillentlich. Wir sind beide verloren!« – »Vater, nein, ich lasse nicht zu, dass dir etwas geschieht!«, sagte sie, »Komm! Komm ins Haus! Da reden wir!« Sie winkte ihren Freundinnen, dass sie sich zurückziehen sollten, und ihren Vater umarmend, ihn stützend, führte sie ihn ins Haus.

Seine Leute, unschlüssig, verharrten. »Kann er tun, was er gelobt hat?«, fragte einer, »Ich könnt' es nicht!« – »Er wird müssen!«, sagte ein andrer, »Sonst sind wir, sonst ist ganz Gilead und auch er verflucht, ja, verloren! Alle haben sein Gelübde gehört, Gott als Erster! Bricht er's, sind wir tot, oder so gut wie. Wir wären vogelfrei! Jeder in allen Ländern, jedes Weib sogar könnte uns totschlagen und würde gerühmt und gefeiert darob! Ihr wisst, was das heißt! Bleibt hier! Gebt Acht auf ihn! Lasst ihn nicht aus! Und sie auch nicht! Das Haus hat drei Ausgänge, verteilt euch!«

Jephta, verzweifelt, redete im Haus mit seiner Tochter, die

aber sagte: »Mein Vater, hast du's gelobt vor Gott, musst du's halten. Er hat dir den Sieg über die Ammoniter gegeben. Jetzt kannst du nicht anders, du musst dein Gelübde erfüllen, sonst, glaub mir!, bin nicht nur ich, sind wir alle verloren. Nur um eins bitt ich dich: Lass mir zwei Monate Zeit, dass ich auf die Berge gehen kann und dort mit den Gespielinnen mein Magdtum beweinen. Lass mich Abschied nehmen vom Leben! Dann, Vater, tu, was du gelobt hast und rette unsere Seelen.« Und Jephta sagte, kaum hörbar: »Geh! Geh, meine Tochter!« Und er verbarg das Gesicht in seinen Händen. Lange. Sehr lang. Dann stand er auf und sprach mit den Bewaffneten an den Türen, dass sie sie gehen ließen; sie werde wiederkommen.

Nach zwei Monaten kam das Mädchen zurück, und er tat, was er gelobt hatte. Seither ist es Brauch in Israel, dass die Töchter des Landes jährlich hingehen und klagen um die Tochter Jephtas, des Gileaditers, immer vier Tage im Jahr.

Er aber, Jephta, wurde hart, bitter und streng, sehr streng, und war Richter in Israel, schlichtete und richtete streng sechs Jahre lang und starb in Gilead, wo er begraben liegt bis auf den heutigen Tag. Der Name seiner Tochter aber, die einem Gott geopfert wurde, der dem Vernehmen nach Menschenopfer verabscheut, steht auf keinem Stein, auf keiner Urkunde, auf keinem Papier verzeichnet; er bleibt bis heute unbekannt.

Der starke Simson

Das Weib des Manoahs war unfruchtbar, er nicht: er hatte Söhne und Töchter von seinen Mägden. Eines Tages ging sie den Hang hinauf nach Zora im Land der Philister, wo sie auskömmlich, ja, angenehm lebten mit dem gesamten Hausstand, da schien ihr, als komme ihr vom Felsen her ein Mann entgegen, schrecklich anzusehen, ähnlich einer riesigen Heuschrecke mit harthautenen Flügeln, die gleißten wie Lohe im Sonnenlicht, und der sagte: »Ich weiß, du gebierst nicht, denn du bist unfruchtbar, aber du wirst schwanger werden und einen Sohn zur Welt bringen, daher trink keinen Wein von nun an, oder starkes Getränk, und gib Acht, was du issest, denn wieder sei's gesagt: du wirst schwanger werden und lass deinem Sohn weder Messer noch Schere ans Haupthaar kommen von Mutterleib an, denn er wird geweiht sein und den Philistern großen Schaden tun.« Damit verschwand er vor ihren Augen, als hätte das Licht ihn verschluckt, aber sie zitterte, bis sie den Hang hinab wieder nach Haus kam, und sagte dem Manoah alles, nämlich ein Engel Gottes, schrecklich anzusehen wie eine Heuschrecke im Feuer, sei ihr erschienen am Hang hinauf nach Zora und habe ihr gesagt, sie werde schwanger werden und einen Sohn gebären, weshalb sie keinen Wein und keinerlei starkes Getränk trinken dürfe, auch nichts Unreines essen, denn der Knabe solle ein Geweihter Gottes sein von Mutterleib an.

Manoah sah sie an und schwieg, doch betete er darum, dass dieser Mann Gottes, oder Engel, oder was das Wesen war, wieder erschiene und ansagte, was sie mit dem Knaben tun sollten, würde er denn geboren werden. Und als die Frau wieder den Hang nach Zora hinaufging, sah sie am Fels wieder den Geflügelten wie eine Heuschrecke brennen in Licht und Feuer und machte kehrt und sagte es ihrem Mann an, der jetzt hinter ihr her den Hang hinauflief und zu dem Fels kam und fragte: »Hast du mit dem Weib da geredet?« Und hörte: »Ja!« Und: »Sie wird gebären, und dem Knaben soll nicht Messer noch Schere ans Haupt kommen als einem Geweihten Gottes.« Damit verschwand das schreckliche Wesen im Licht.

Der Knabe, der auf die Welt kam, und den seine Eltern Simson nannten, war dürr, mit langen Ärmchen und Beinchen und mit einem wuscheligen Schopf von Mutterleib an und hatte beinah schon Zähne im verzogenen Mäulchen: erst biss er seine Mutter, dann seine Amme in die Brustwarzen vor Gier, als wollte er Milch mit Blut trinken – mehr! mehr! Er wuchs rasch und wuchs und wollte sich nur schwer entwöhnen lassen. Aber kräftig wurde er und stark und ein fröhlicher Bursche, der sich arglos freuen konnte, sei es über einen eigenen Scherz oder den eines Spielkameraden, auch wenn das ein kleiner Philister war. Sein Haarschopf war dicht und wuchs immer länger und stärker. Wollte sich eine junge Magd oder die alte Amme mit Schere oder Messer ihm nähern, fauchte er wie eine Wildkatze und rannte davon. Um aber, wenn er spielte oder sich übte mit Schwert und Lanze, nicht in Büschen und Bäumen mit den Haaren hängen zu bleiben wie nachmals Absalom, flocht er sie, die blauschwarz glänzten wie Rabenflügel, zu Zöpfen und salbte sie mit feinstem Öl, dem Auszug von Klettenwurzel und Duftkräuter zugesetzt waren. Oft trug er, dass sein Haar ihn beim Laufen und Springen nicht störte, ein fest verknotetes Kopftuch; seine Mutter hatte es mit einem schönen und farbigen Muster aus dünnen Leinenfäden für ihn gewebt. Oh, sie war stolz auf ihn, ihren Sohn! Und Manoah, sein Vater, achtete darauf, dass er, wenn Abend wurde, und die Sterne hinter dem Hang in der dunkelnden Nacht heraufzogen, mit vor dem Haus saß und hörte, was die Alten der kleinen Gemeinde aus früheren Tagen erzählten: von Debora, der Richterin, von der Eroberung Jerichos durch Josua, oder gar von Josef, dem Deuter der Träume in Ägyptenland.

Früh, obwohl er bartlos blieb, wurde er Mann und merkte es, weil ihm im Schlaf, als er im Traum mit einer jungen fülligen Magd rang, der Same ausfloss wie milchweißer Rogen. Da war er unrein den folgenden Tag bis zum Abend.

Jetzt ging er oft hinab in die Stadt der Philister; dort herrschte fröhliches Getümmel, und er vergnügte sich dort mit den Jungen und sah auch die Mädchen und Töchter der Stadt Timnath in ihren bunten Gewändern mit Troddeln und Schellen an den Säumen, besonders aber die eine mit dem Schalk in den blitzenden Augen, wenn sie ihn ansah und lachte und rasch verschwand unter ihren Gespielinnen. Sie war beliebt bei den jungen Männern; alle kannten sie; sie aber lachte und wollte von keinem was wissen, wär's auch der strahlende starke Bursche mit dem farbigen Kopftuch, von dem es hieß, er sei ein Israelit, ein Beschnittener. Als sie das zum ersten Mal hörte, zog sie den Atem durch die Zähne und musterte ihn verstohlen, als sie ihn das nächste Mal sah. Simson bemerkte das, und als er wieder hinaufkam zum Hof seiner Eltern, sagte er: »Ich habe unter den Töchtern der Philister eine gesehen, die gebt mir zur Frau.« – »Wie? Was?«, sagten die, »ist denn da keine in all deinem Volk, dass du jetzt hingehst und willst eine von denen, den unbeschnittenen Philistern, zum Weib?!« – »Die will ich, denn sie ist schön und gefällt mir. Gebt sie mir.«

Also gingen Vater und Mutter mit Simson hinab zu den Philistern und kamen durch die Weinberge. Simson ging voraus, da sprang ihn ein junger starker Berglöwe an. Den packte er und zerriss ihn, wie man ein Kitz zerreißt, und warf ihn unter einen Weinstock neben dem Weg, sagte aber nichts seinen Eltern, sondern sie gingen zusammen weiter und kamen in die Stadt und zum Haus des Mädchens und redeten mit ihren Eltern. Simson aber sprach unterdessen durchs Fenstergitter mit ihr; sie gefiel ihm über die Maßen. Und weil nun alles zwischen den Eltern verabredet war, ging er öfter hin und her, hinunter nach Timnath, hinauf nach Zora, und stockte einmal auf dem Weg, denn er sah: unter dem Weinstock lag der Kadaver des Löwen; die Verwesung waberte in die Luft wie Lohe, und er hörte ein Summen und Sirren in der Luft, trat näher und sah: ein Bienenschwarm hatte da Wohnung genommen, da waren Waben voll Honig, den nahm er und leckte und aß davon.

Sieben Tag lang war Hochzeit; dreißig Gesellen gaben sie Simson, die bei ihm sein sollten, dass es ein rechtes Fest wäre; und er sagte zu ihnen: »Ich geb euch ein Rätsel auf. Wenn ihr das erratet und trefft, kriegt ihr von mir dreißig Hemden aus feinem Linnen und dreißig bunte Feiertagskleider. Wenn ihr's nicht könnt, müsst ihr mir dreißig Hemden und Feiertagskleider geben.« – »Lass hören!«, sagten sie da, »Gib uns dein Rätsel auf!« Und er sagte: »Speise ging von dem Fresser und Süßigkeit von dem Starken. Was ist das?« Aber sie konnten es nicht erraten und errieten's drei Tage lang nicht. Da sprachen sie heimlich mit Simsons jungem Weib: »Wir kennen dich: Du wickelst deinen Mann um den Finger. Krieg des Rätsels Lösung heraus, oder wir stecken das Haus deines Vaters an und verbrennen dich mit im Feuer! Habt ihr uns hergeladen, dass ihr uns arm macht? Oder was?« Simsons junges blühendes Weib erschrak. Sie weinte und sagte zu ihm: »Du hast mich nicht lieb. Du hast deinen Gesellen ein Rätsel aufgegeben und hast mir's nicht gesagt.« Er sagte: »Warum sollte ich? Meinem Vater und meiner Mutter hab ich's auch nicht gesagt. Warum dir?« Und verschwieg ihr die Lösung. Aber sie weinte jeden Tag und jede Nacht ihrer Hochzeit, die noch verblieben, und drängte ihn und wollte es wissen, und am siebten Tag sagte er's ihr; sie gab die Lösung weiter, und die dreißig Gesellen aus der Stadt sagten zu ihm, bevor noch die Sonne unterging: »Was ist süßer denn Honig? Was ist stärker als der Löwe?« – »Ihr hättet mein Rätsel nicht getroffen«, sagte er grimmig, »wenn ihr nicht mit meinem Kalb gepflügt hättet!« Und ging grimmig hinab nach Askalon ans Meer.

Dort wurde im Hafen ein Fest des Baal gefeiert. Hoch ging's da her! Doch Simson lästerte über den Gott aus Erz, und bald rotteten sich die jungen Männer zusammen, um ihn aufs Maul zu hauen und zum Schweigen zu bringen. Das war ihm recht! Nicht lang, dann lagen da an die dreißig, die stöhnten, nach Luft schnappten, als wären sie Fische, oder waren ganz ohne Bewusstsein. Behende zog er sie nackt aus, griff sich zwei Esel im Schatten der Mauer, lud ihnen gebündelt deren Hemden und Feiertagskleider auf und machte sich auf den Rückweg ins Hügelland. Dort, in Themnat, gab er denen die Feierkleider, die das Rätsel erraten hatten, und trieb die Esel hinauf zum Haus seines Vaters. Sein junges Weib aber wurde einem der Gesellen unter den dreißig gegeben. Jetzt hatte sie Grund zum Weinen.

Simson half tags bei der Weizenernte auf dem Land seines Vaters, doch hatte am Abend innig Lust auf sein Weib. Er nahm ein Ziegenböcklein und ging hinab zum Haus ihres Vaters; dort wollte er stracks in ihre Kammer. »Nichts da!«, sagte ihr Vater. »He, ich will zu meiner Frau!« – »Sie ist nicht mehr deine Frau!« – »Sie ist was nicht mehr?!« – »Ich habe gedacht, dass du ihr herzlich gram seist nach dieser Sache, und habe sie deinem Freund gegeben, einem der Dreißig.« – »Du hast was?« – »Tröste dich! Ich gebe dir ihre jüngere Schwester. Die ist schöner als sie. Nimm die! Die lass dein sein!« – »O nein! Das soll euch leidtun, bitterlich! Ich werd euch schaden für euer Unrecht, seht zu!« Damit ging Simson hinauf und fing Füchse, so viele er fand; die band er paarweise Schwanz an Schwanz zusammen, tat Bündel von Stroh zwischen die Schwänze, steckte das Stroh in Brand und ließ die Füchse unter die Garben. So zündete er alles Korn der Philister an, die Garben und was noch auf dem Halm stand, auch die Weinberge und die Ölgärten.

»Wer hat das getan?«, schrien die Leute entsetzt, und da hieß es: »Simson war's, der Schwiegersohn des Thimniters, denn der hat ihm sein Weib genommen und hat sie seinem Freund gegeben.« – »Der Sausack, der elende! Das soll er büßen! Sie auch!« Und sie rotteten sich alle zusammen und zogen zu dem Haus und verbrannten sie samt ihrem Vater mit Feuer. Simson, als er davon erfuhr, sagte: »Das bleibt nicht ungerächt!« Und zog hinab und schlug sie hart, hart an Schultern und Lenden. Dann ging er nach Etam und hauste da in einer Felsschlucht.

Die Leute von Thimnat aber und andre Betroffene der Philister bewaffneten sich und zogen hinauf nach Juda zu dem Ort Lehi, an dreihundert Mann. Die da wohnten erschraken gewaltig und fragten, was sie denn wollten, und sie gaben zur Antwort, sie wollten den Simson binden und hinabführen und Gleiches mit Gleichem vergelten. Da stiegen welche von Lehi hinab in die Steinkluft zu Etam und sagten zu Simson: »Hast du vergessen, dass die Philister über uns herrschen? Wir sind nur geduldet. Jetzt stehen sie da bewaffnet und drohen uns. Warum hast du uns das eingebrockt?« Simson sagte: »Ich habe ihnen nur angetan, was sie mir getan haben. Also?« – »Wir wollen nicht für dich büßen«, sagten sie, »Wir binden dich und übergeben dich denen.« – »Versprecht mir, dass ihr mir nichts antut?« – »Das versprechen wir!« Also ließ Simson sich fesseln mit zwei neuen Stricken und zu den Philistern führen. Die, sobald sie ihn sahen, schrien und jubelten. Da reckte sich Simson, und die neuen Stricke zerrissen, als wären sie alt und morsch. Er bückte sich, denn er sah da am Weg einen alten Eselskinnbacken liegen, hob ihn auf, lief auf die Philister los und schlug damit auf sie ein. Nicht wenige schlug er tot, und die anderen flohen, so schnell sie nur konnten. Simson stand da wie taumelnd und rief: »Durch eines Esels Kinnbacken hab ich tausend geschlagen!«, warf den Knochen, worin noch die Zähne steckten, aus der Hand: »Hier auf der Kinnbackenhöhe!« So heißt Lehi seither. Da blieb er wohnen und war ein Richter in Israel an zwanzig Jahre.

Doch die Lebenslust wich keineswegs von ihm; gern feierte er mit Gesellen und Dirnen, zog öfters umher mit ihnen, oft auch allein durch die Städte und kam einmal nach Gaza, sah dort eine Hure, die ihm gefiel, und ging abends vergnügt zu ihr ins Hurenhaus. Ein Mann hatte ihn aber erkannt, der zu anderen sagte, dass Simson in der Stadt sei. Da taten sie sich zusammen und lauerten ihm auf im Stadttor die ganze Nacht und sagten: »Morgen, wenn's hell wird, und er hinauswill, schnappen wir ihn und schlagen ihn tot.« Simson lag bei der Hure bis um Mitternacht, stand dann auf und ging durch die

Gasse zum Tor: da sah er sie lauern, das Tor aber war verschlossen. Da ergriff er beide Türen zusamt den beiden Torpfosten und hob sie aus mit den Riegeln, nahm das Tor auf die Schultern und trug's auf dem Rücken bis zur Höhe vor Hebron. Dort warf er's ab. Dann ging er fröhlich nach Hause.

Um dieselbe Zeit lebte am Bach Sorak ein Weib namens Delila. Üppig war sie und schön, und Simson gewann sie lieb darob. Das sprach sich herum. So kamen eines Tages die Fürsten der Philister herauf zu ihr und sagten: »Wir hören: Simson verkehrt bei dir?« – »Das ist wahr. Und auch ist wahr, dass wir uns gernhaben, sehr gern sogar. Und was? Was ist damit? Was wollt ihr?« – »Du, Delila, bist nicht bloß, wie wir sehen, eine schöne, du bist auch eine kluge Frau. Was tust du hier oben? Da ist nichts, was dir gefallen könnte. Du gehörst nach Gaza, in die Stadt. Da herrscht Leben. Da wartet ein Haus auf dich, worin in Kammer und Saal Musik tönt vom Abend bis in die Nacht; worin Kühle vom Meer her weht und Duft aus den üppigen Gärten, und worin eine Truhe dich erwartet, die wir anfüllen wollen mit Silber, gemünzt und ungemünzt, die auch nicht leer werden soll, wenn ...« – »Wenn was?« – »Wenn du, Delila, ihn beredest, dass er dir sagt, woher seine große Kraft rührt, und du's uns weitersagst, dass wir seiner habhaft werden und ihn binden und zwingen können.« – »Das schwört ihr?« – »Wir schwören es dir beim Baal! Und du?« – »Ihr hört von mir.«

Delila, sich räkelnd auf dem Lager mit Simson und spielend mit seinen Zöpfen, als wären's Schlangen, sagte: »Du, du sagst mir gar nicht, worin deine große Kraft ist, die ich da spüre in dir wie fernen leisen Donner: hier? oder hier? oder darin? da?, dass man dich überwinden könnte, binden und zwingen?« –

»Hör auf! Komm her! Du zwingst mich, bindest mich! So. Und so, ah!« – »Nein, das mein ich nicht. Ich meine, wenn da Krieger wären, die kämpfen wollten?« – »Ha! Wenn man mich bände, ja, mit sieben Seilen von frischem Bast, die noch nicht verdorrt sind, dann würde ich schwach wie ein anderer Mann, der nicht so leicht aufsteht ...« – »Lass, lass mich doch! Wir probieren's ein ander Mal aus.« Sie schickte Botschaft nach Gaza und erhielt sieben Seile von frischem Bast, der noch nicht verdorrt war, von Männern, die sie in der Kammer verbarg. Als Simson kam und danach auf ihrem Lager ausruhte, band sie ihn damit: »So, siehst du, und so!«, und lachte und rief: »Simson, Philister über dir!«, da zerriss er die Seile, als wären sie angesengt worden, und Delila sagte: »Du hast mich angelogen, mein Lieber, getäuscht! Ach, sag mir doch, womit kann man dich binden?« – »Wenn ... Soll ich aufstehn? Hm?« – »Wenn?« – »Merkst du, wie ich aufstehe? Wenn sie mich bänden mit ganz neuen Stricken, jungfräulich, ja, vom Seiler, so, dann würde ich schwach wie ein anderer Mann und nicht so leicht aufstehn ...« – »Warte! Hier hab ich in meiner Kammer ...« Und Delila nahm neue Stricke und band Simson damit und rief: »Philister über dir, Simson!« Und er zerriss die Stricke wie dünne Fäden und lachte. »Oh, du!«, sagte sie, »Du hältst mich zum Narren! Nun sag's mir doch!« – »Ja, ja, ja! Wenn du meine Zöpfe zusammen flichst zu einem Knoten und ihn an die Wand nagelst, dann ... dann werde ich schwach ...« Und während sie das tat, schlief er ein, und sie küsste ihn, er wachte aber nicht auf. Da rief sie: »Philister über dir, Simson!« Und er fuhr hoch und zog den Nagel mühelos mit den Zöpfen heraus. »Simson!«, sagte sie da, »Wie kannst du sagen, dass du mich lieb hast, und doch ist dein Herz nicht bei mir? Dreimal hast du mich getäuscht, dreimal belogen. Wie steht es also mit uns? Auf dem Lager, ja, da sind wir eins, und sonst? Sonst machst du dich lustig über mich. Ich bedeute dir gar nichts. Was glaubst du, wie ich mich fühle?« Er ging.

Drei Tage später stand er wieder in ihrer Tür, stand vor ihr und streckte die Arme nach ihr aus und sagte, sein ganzes Herz sei bei ihr. Schon immer! Ja! – Sie, ohne ein Wort zu erwidern, nahm ihn bei der Hand und führte ihn zu ihrem Lager. Da war er selig, selig und wieder selig. Und als die Nacht einfiel, sagte er ihr: »Meine Stärke, dass du's nur weißt, liegt darin, dass kein Schermesser und keine Schere an mein Haupthaar gekommen ist von Mutterleib an, denn so bin ich geweiht. Würde mein Haar beschnitten, würde ich wie andere Männer: schwach. Das wirst du nicht wollen, Delila.« Sie küsste ihn, dann schickte sie einen Knecht nach Gaza, der brachte die Fürsten herauf zu ihr mit Brief, Siegel und Geld. »Wartet!«, sagte sie, »Hier, nebenan in der Kammer! Wenn einer Mut hat von euch, der nimmt diese Schere. Ich habe sie schleifen lassen. Klopfe ich dreimal, kommt ihr leise heraus und schneidet ihm, während er schläft, die Stirnlocken ab: sieben. Dann ist er euer!« – »Bist du dir sicher?« – »Mir geschieht nichts, des bin ich mir sicher! Auch, dass er nicht mehr gelogen hat. Ihr? Seht zu!«

Simson wurde lange nicht müde, doch endlich schlief er ein auf ihrem Schoß, und sie klopfte dreimal gegen die Wand. Da tat sich die Tür zur Kammer auf, und einer, der jung war, geschmeidig, flink und mutig, trat heraus mit der Schere, schlich zum Bett und schnitt geschickt, während Delila Simsons schlafendes Haupt hielt, seine sieben Stirnlocken ab, wich zurück, und Delila rief: »Simson, Philister über dir!« und hielt ihn so fest sie konnte, und er wachte auf und wusste nicht, wo er war, noch wie ihm geschah, als die aus der Kammer sich auf ihn stürzten, und der mit der Schere ihm beide Augen ausstach, dass er schrie, und Delila, blutig in ihrer Nacktheit, schrie und weiterschrie, schrie, bis sie ihn banden und hinausschleppten. Sie schleppten ihn hinunter nach Gaza in ein finstres Gefängnis. Da wurde er zweifach angeschmiedet mit eisernen Ketten und musste Gerste mahlen im Kerker. Delila aber zahlte einer alten Magd Geld, dass sie, wenn er nachts schlief, hineinschlich und ihm Salbe auf die Lider tat, um seine Schmerzen zu lindern. Sein Haupthaar fing unterdessen wieder zu wachsen an.

Nicht lange, dann feierten sie in Gaza das Fest des Hauptgottes Dagon. Die Fürsten und alles Volk mit ihnen freuten sich und sagten: »Unser Gott hat uns Simson, unseren ärgsten Feind, in die Hände gegeben. Unser Land hat er verderbt und viele von uns erschlagen. Jetzt haben wir ihn! Jetzt ist er blind und mahlt Gerste im Kerker! Holt ihn her! Holt ihn aus dem Gefängnis, dass wir ihn mahlen sehen da vor uns. Und ihn bespeien! Bepissen!«

Also wurde Simson in Ketten aus dem Gefängnis geholt, die Mahlsteine mit ihm, und ein verkrüppelter Junge, der in einem Sack die Gerste trug und sie ihm vorschüttete. So stellten sie ihn im Tempel zwischen die Säulen. Männer und Weiber und die Fürsten der Philister waren da und auf dem Dach an dreitausend, Mann und Weib, die zusahen, wie Simson mahlte, und sangen Spottlieder, ihrem Gott Dagon aber Preislieder. Und Simson bat den Jungen, ihn an die Mittelsäulen zu führen, dass er sich anlehnen und ein wenig ausruhen könne. »Da bist du schon«, sagte der Junge, »du Scheißkerl!« Simson rief stumm den Herrn an, er möge seiner gedenken, legte die linke Hand fest an eine Säule, die rechte fest an die andere, befahl seine Seele Gott und neigte sich kräftig. Da stürzte das Haus auf ihn, auf den Jungen, auf die Fürsten und das versammelte Volk, und vom Dach fielen alle, die der Neugier halber da hinaufgestiegen waren, sodass der Toten mehr waren, die mit Simson, dem Starken, starben, als zeit seines Lebens. Seine Brüder und andre Verwandte, als sie davon hörten, kamen hinab nach Gaza und suchten ihn unter den Leichen, hoben ihn auf und trugen ihn hinauf, wo sie ihn im Grab seines Vaters Manoah begruben – unten am Hang gegen Zora.

Delila aber, jetzt wohnhaft in einem kleinen Häuschen im dreckigen Hafenviertel von Gaza, war nicht zum Fest Dagons in den großen Tempel gegangen. Sie hatte damals Simsons abgeschnittene Stirnlocken aufgeklaubt und verwahrte sie in einer schmalen Schatulle aus Silber, die sie ab und zu in die Hand nahm und öffnete: Das Haar darin behielt seine Farbe und für sie seinen Glanz. Eines Tages, alt und gebückt, nahm sie das Kästchen und schlug's in ein farbiges Tuch aus feinem Leinen, trug es zum Meer hinab und versenkte es. Gefunden wurde es nie.

Samuel

Samuel sah's; er sah alles und sagte alles Ihm, seinem Herrn, denn wer das war, wusste er von Kind auf. Seine Mutter Hanna hatte ihm wieder und wieder erzählt, wie sie jahrein, jahraus kinderlos geblieben war, gebetet hatte, gefleht, gefastet und ihren ganzen Schmuck geopfert Ihm, dem Herrn zu Silo, wenn sie und ihre Familie vom Gebirge zum Herbstfest wallfahrteten. Umsonst: sie wurde nicht schwanger. Das lag nicht an Elkana, ihrem Mann. Der war stark und zeugte mit seiner Nebenfrau fröhlich ein Kind nach dem anderen, Söhne und Töchter. Kein Wunder, dass die sich überhob gegen Hanna, die, als alle schon schmausten vom Opferfleisch, noch immer betete und kaum auf die Uralte, Vermummte hörte, die neben ihr murmelte: »He, du mussch lache, Hannale, so wie's Sarale domols, der isch's doch genauso gange; musssch dich kitzele, hörsch? Manoahs Weib auch, die isch doch Mutter vom Simson worde, dem junge Lewe. Jaja, bin jung gewese, hab gelacht, mich gekitzelet und immerfort gelacht – ich sag's dir: ein Bub nach dem andere ...« Später dann, endlich, spürte Hanna, dass sie gesegneten Leibs war! Ihr ging's, wie es Rachel ergangen war. Und, wahrhaftig, Hanna war dankbar! Sie sang ein hochgemutes Danklied wie tausend Jahre später Maria, des Zimmermanns Joseph Weib, und weihte den erbetenen Knaben dem Herrn zu Silo. Er war der Erste, bekam aber noch Brüder. Ja, Kitzeln half!

Damals war Eli aus dem Hohen Haus Aaron Priester, und ihm diente Samuel. Als Knabe schon sah er's, wie Elis Söhne ihr Priesteramt als eine Pfründe missbrauchten, gestiftete Gelder, geopferte Schmuckstücke und Kostbarkeiten zu einem guten Teil an sich nahmen, und wenn sich einer aus Israel Geld lieh, beim Heiligen Haus des Herrn, verlangten sie Zinsen, was sie nicht durften. Auch schliefen sie nach Lust und Laune mit den Weibern, die wachten vor der Stiftshütte, und ließen sich zwei lange Gabeln aus Erz anfertigen, damit schickten sie ihre Diener zu denen, die opferten, und aus Tiegel, Pfanne, Kessel oder Topf holten die die besten Stücke. Eli war uralt und erfuhr doch alles, was seine Söhne taten. Er schalt und ermahnte sie, aber darum kümmerten sie sich nicht die Bohne. Also kam, das sagte er ihnen, ein Mann Gottes zu ihm, denn sein und ihr Ahnherr Aaron war ja berufen worden von Jahwe, und dieser Bote prophezeite das Ende seiner Söhne: Hophni und Pinkas. Die aber zuckten, als sie es hörten, mit den Achseln und scherten sich nicht weiter um den Alten. Sie taten, was sie wollten. Aber Samuel sah's.

Er lauschte, wenn endlich die mitternächtliche Stille über ganz Silo herabfiel, und die Feuer, die Fackeln, die Kerzen erloschen, verglommen. Er hörte einen Ruf, kaum vernehmbar. Eine Stimme rief seinen Namen. Also stand er im Dunkeln auf von seinem Lager, tat seinen leinenen Leibrock an und lief zu Elis Lager. »Herr, du hast mich gerufen, hier bin ich!«, sagte er. – »Ich hab dich nicht gerufen, Samuel«, sagte der Alte, »geh schlafen!« Der ging und legte sich wieder. Aber kaum war er eingeschlafen, hörte er wieder den Ruf. Wieder rief ihn die Stimme. Also stand er auf, tat seinen Leibrock an und lief zum Lager Elis, des Uralten. »Du hast mich gerufen, hier bin ich!«, sagte er. »Geh schlafen, Samuel«, sagte er Alte, »ich habe dich nicht gerufen.« Und Samuel legte sich wieder. Doch die

Stimme rief ihn zum dritten Mal, und er stand zum dritten Mal auf, legte seinen Leibrock nicht an und eilte nackt zu Eli. »Hier bin ich!«, sagte er atemlos. »Geh wieder ins Bett, Samuel, denn ich habe dich nicht gerufen. Leg dich und schlaf! Aber wenn du wieder den Ruf hörst, dann sag: ›Herr, sprich, denn dein Knecht hört!‹ Was aber die Stimme dir sagt, das sag mir am Morgen wieder.« Wahrhaft müde schlief Samuel ein und schlief nicht lange, da weckte die Stimme ihn wieder, indem er hörte: »Samuel! Samuel!« Und schlaftrunken murmelte er: »Sprich, Herr, denn dein Knecht hört!« Und wie im Schlaf hörte er: »Was ich Eli angesagt habe, das werd' ich vollbringen, dass alles Volk sich entsetzen soll, denn seine Söhne werden sterben, beide zur selben Zeit, und alle Nachkommen von ihnen werden nicht das Mannesalter erreichen, darum dass er, der Alte, wusste von ihren Missetaten und hat ihnen nicht gewehrt. Ich bin der Herr, ich lasse meiner nicht spotten. Sag ihm das!« Der Morgen kam, und Samuel tat die Türen auf zum Haus des Herrn, aber Eli rief ihn und fragte ihn, was die Stimme nachts zu ihm gesagt habe. Und Samuel sagte es ihm. – »Wohl wahr, Er ist der Herr, und der Name des Herrn sei gelobt! Du predigst heute und sprichst zum Volk, denn der Herr ist mit dir!« Also fing Samuel an zu predigen und ward ein Prophet in ganz Israel.

Aber wieder gab es Krieg mit den Philistern, und Hophni und Pinkas, die beiden Priester, ließen die heilige Bundeslade aufs Schlachtfeld tragen, damit Gott den Kriegern Israels Beistand leiste, doch die wurden überwältigt; Hophni und Pinkas starben zur selben Zeit unterm Schwert, und die Philister trugen die Lade des Bundes im Triumph in ihr Lager. Das wurde Eli zu Silo angesagt, der auf seinem hohen Stuhl saß, und als er es hörte, erschrak er, fiel herab, brach sich den Hals und kam so ums Leben, der Uralte. Samuel wurde Priester und baute sein Haus in Rama, nahm ein Weib und zeugte Kinder mit ihr, Söhne und Töchter. Und er richtete ganz Israel.

Aber er wurde alt und so setzte er seine Söhne Joel und Abia zu Richtern ein in Beer-Seba, auch zu Priestern, aber sie gingen andere Wege; sie neigten zum Geiz; sie nahmen Geschenke und beugten das Recht. Da versammelten sich die Ältesten Israels und kamen zu Samuel nach Rama. »Du bist alt geworden«, sagten sie. »Und, wahrhaftig, deine Söhne wandeln nicht auf deinen Wegen. Was soll das werden? Du musst einen König über uns setzen wie alle Heiden rund um uns haben, der Gericht hält und uns im Krieg anführt.« – »Was denn?! Was soll das?!«, sagte Samuel, dem das übel gefiel, und ging hin und betete. Aber der Herr sprach zu ihm: »Tu, was sie verlangen, gehorche der Stimme des Volks. Ich habe sie aus Ägyptenland heraufgeführt, jetzt verwerfen sie mich, und ich soll nicht mehr ihr König sein. So sei's denn! Aber sag ihnen jetzt, welche Rechte ein König hat!« Und Samuel sagte zu ihnen: »Wenn ihr's nicht wisst, sag ich euch jetzt, was für Rechte der König sich nimmt: Er wird eure Söhne nehmen, dass sie vor seinem Wagen herlaufen müssen, und wird sie zu Reitern machen, dass sie ihn ständig begleiten, und zu Hauptleuten über tausend und über fünfzig und zu Ackersleuten, die ihm seine Felder bebauen und zu Schnittern, wenn er erntet, und zu Schmieden für sein Kriegsgerät und zu Wagnern für seine Streitwägen und eure Töchter wird er nehmen, dass sie ihm Salben bereiten, und dass sie ihm kochen und backen, und er wird eure besten Äcker nehmen, auch die Weinberge und die Ölgärten und wird sie seinen Knechten geben. Und von eurer Saat und von euren Weinbergen wird er den Zehnten nehmen und wird's seinen Kämmerern und Knechten geben, dazu eure Mägde und Knechte und eure schönsten jungen Burschen samt euren Eseln, dass er seine Geschäfte umtreiben kann. Aber auch von euren Herden wird er den Zehnten nehmen, und dazu müsst ihr seine Knechte sein. Ja, dann werdet ihr Zeter und Mordio schrein, aber umsonst: Der Herr wird euch nicht erhören!« – »Mitnichten! So wird's nicht werden!«, sagten sie da. Und wieder sprach der Herr zu Samuel: »Lass sie! Mach ihnen einen König!« Und Samuel sagte zu den Männern Israels: »So geht! Ihr werdet's hören!« Und jeder ging in seine Stadt, aber Samuel blieb im Land Zuph auf der Höhe.

Dort trat Saul zu ihm, der Sohn des Kis, eines wohlhabenden Benjaminiters, der war jung und stattlich, um ein Haupt höher als sonst alles Volk, den sah Samuel an und salbte ihn zum ersten König in Israel, doch konnte sich nicht gewöhnen, stille zu sein, immer denkend, ihm gebühre Gehorsam, und er, ja, verwarf ihn wieder und sah den jungen Hirten David, auch aus dem Stamm Benjamin, der war bräunlich und schön, spielte die Harfe süße und sang Lieder, die er selber erdachte oder aufsammelte; auch Psalmen für die Gemeinde. Wenn Sauls Gemüt oft finster erschien wie ein dunkles Gewitter, war Davids fröhlich und hell. Die Weiber liebten ihn, und er liebte sie. Ihn salbte Samuel zum zweiten König in Israel, dem alles gelang, nur den Tempel bauen durfte er nicht. Den erbaute nachmals sein Sohn, der König und Prediger Salomo, der Sprüchesammler und Sänger des Hohen Lieds.

Aber Saul, unmutig und geängstigt vor einer Schlacht mit den Philistern, die ihn nackt kreuzweis kopfunter ans Tor nageln würden, ließ den Samuel zu Endor von einem zauberkundigen Weib heraufbeschwören, und Samuel kam im zerfressenen Leichengewand, die schadhaften Zähne bleckend, Augen und Mund schwarz verwest, Tod, Tod weissagend, Tod.

Agag

Samuel, der ja nicht aus dem Hohen Haus Aaron stammte, und auch kein Levit war, wurde nach Elis und dessen Söhne Tod Priester, Prophet, will sagen: Sprecher Gottes, des Herrn, und der letzte Richter Israels. Er baute sein Haus in Rama. Weil aber seine Söhne, die ebenfalls Priester wurden, sich übers Gesetz erhoben und ihren Gewinn ohne Umstände suchten, und weil die Ältesten Israels ihn drängten, salbte er den noch jungen, hochgewachsenen Saul, einen sippenstarken Benjaminiter, zum ersten König in Israel. Der, Saul nämlich, so zeigte sich, neigte indessen zu Schwermut, war manches Mal niedergedrückt, dann wieder geriet er außer sich und zog mit lärmenden Schwarmgeistern über die Höhen, sodass es hieß, auch Saul sei unter die Propheten gegangen. Doch schadete das seinem Ansehen im Volk keineswegs; es gab vielmehr Anlass zu einer Redewendung, einer Art gutmütigem Sprichwort, die den König noch überlebte.

Samuel dagegen wurde vollends unwirsch, grimmiger und grimmiger, da er bemerkte, wie jedes fromme Herkommen schwand, jetzt, da Israel wurde wie die anderen Völkerschaften ringsum mit ihren Königshäusern und ihren Heiligtümern auf den Höhen, und da er auch wahrnahm, wie Saul als Herr mehr und mehr in sein Eigenes wuchs, also dass zu Gilgal, als Samuel nicht kam wie versprochen, oder nicht rechtzeitig kam, und das Volk vor den Philistern verzagte, Saul selbst Brandopfer darbrachte, als wäre wahrhaftig der gesalbte König auch Priester. Samuel, der dann doch kam, aber eben verspätet, sagte zornbebend zu Saul, dewegen werde der Herr ihn verwerfen, er werde einen anderen salben. Danach zog Saul herauf von den Philistern, und die Philister wiederum zogen an ihren Ort.

Samuel aber, den's nicht litt, ging wieder hin und redete mit dem König und sagte: »Hör die Stimme des Herrn, der da spricht: ›Ich gedenke dessen, wie Amalek meinem Volk den Weg verlegte, als Israel heraufzog aus Ägyptenland, und schlug die zurückgebliebenen Kranken und Kinder tot. So zieh du nun hin und schlag zur Vergeltung die Amalekiter tot. Leg den Bann auf sie und verschon keinen von diesem Volk, sondern töte sie alle: Mann, Weib, Kind und Kleinkind, Ochsen und Schafe, Kamele und Esel! Geh hin, Saul, und tu das, so wird es gut sein! Du weißt oder weißt nicht, wie Joshua mit den Kriegern Israels stand vor Jericho und tat der Welt älteste Stadt in den Bann, deren Mauern und Häuser, beinah Ruinen, vollends einstürzten, als er die Posaunen blasen ließ sieben Mal, aber Achan, ein Mann und Krieger aus Juda, nahm einen kostbaren babylonischen Mantel, nahm Gold und Silber an sich und vergrub's für sich, doch traf ihn das Wahr-Los und entdeckte ihn, da wurden er und sein Weib mit ihm und auch seine Söhne und Töchter, seine Ochsen, Esel und Schafe, alles, was sein war, gesteinigt, zu Tode gesteinigt und die Leichen verbrannt, auf ewig zu Asche. Gnadenlos. Tu du auch so und schlage Amalek! Nichts, was lebt, lass du leben, der Herr wird dir beistehn!‹« Grimmiger ging's nicht, wahrhaftiger Gott! Als wäre Gott ein Blutsäufer! Oje!

Also zog Saul auf Samuels Geheiß mit viel Fußvolk gegen die Amalekiter (von Hevila an bis gen Sur), die kläglich dem wütenden Ansturm erlagen. Da gab's auf den Straßen und Wegen, in den Häusern, den Hütten nichts als Blutbäder, zahllos: Männer, Weiber, junge Knaben, liebliche Mädchen, Kinder, greinende Säuglinge, Knechte, Mägde, Tiere, behuft und gefiedert: der Blutrunst stieg auf vor den Höhen und kroch über die Berge; Weinen, Geschrei gellte durch die Luft; Scheiterhaufen wurden errichtet; dicker schwarzer Rauch quoll empor, darin scholl das Blöken von Vieh, auch bellendes Lachen der Krieger, von Ruß geschwärzt, von Blut stinkend und verschmiert. Und Saul ergriff Agag, den König der Amalekiter, und führte ihn fort, lebendig. Das Volk jedoch verschonte nichts und niemanden, außer die fetten Widder und Schafe, die brüllenden Rinder, die trieben sie mit sich. Saul aber richtete sich gen Karmel, ließ ein Siegeszeichen errichten und zog hinunter nach Gilgal, um dort Brandopfer darzubringen.

Samuel wurde das inne und er eilte zu Saul, der sprach: »Sei mir willkommen! Ich habe des Herrn Wort erfüllt.« – »Und wieso hör ich Schafe blöken und Rinder brüllen? Was ist das?«, fragte Samuel ihn. »Nichts, was in Amalek lebte, darf noch am Leben sein!« – »Das Volk hat vom Raub genommen, das Beste, um es zu opfern in Gilgal.« – »Wahrhaftig, Gehorsam ist besser dem Herrn denn Opfer! Verwirfst du sein Geheiß, wird er dich verwerfen, und ein andrer wird König sein! Opfere sie dem Herrn, mir aber lass Agag bringen, den König der Amalekiter, den du verschonst, weil du ein König unter Königen sein willst!«

Doch Agag, der's gehört hatte, trat im Schmuck, aber leichenblass vor Samuel. Der riss ihm das Schwert aus dem Gürtel. Und Agag sagte: »Was hat der Tod noch Bittres für mich?«

Und Samuel hob das geschmiedete Schwert und hackte Agag in blutige Stücke. Das wollte er dem Herrn tun; der sollte ein schwarzer rachsüchtiger Blutsäufer sein wie Samuel war. Doch es lebte aus Agags Haus ein Zweig in Susa, der wuchs und verzweigte sich weiter und wurde groß unter Ahasveros. Aus ihm sprosste auch Haman, welcher großmächtig der Wesir des Königs wurde, bis die liebliche Königin Esther und ihr kluger Oheim Mordechai ihn mit Bedacht an den Galgen brachten. Jedoch ist bis heute Amalek übrig, wenn auch zerstreut in der Welt, und mancher glaubt, das Tier aus dem Abgrund mit Namen Hitler stamme ab von Amalek, wie auch Baruch Goldstein wähnt, die Moscheen Mohammeds seien voll der Kinder Amaleks, und so dringt er ein und schießt um sich, wieder ein Blutbad anrichtend, worein kein Gott, weder El, noch JHWH, noch Allah – er sei gepriesen –, je steigen wird. Oder? Oder?

Samuel aber ging in sein Haus nach Rama, und Saul zog hinauf in sein Haus nach Gibea. Und Samuel sah Saul, den gesalbten König, nicht wieder vor dem Tag seines Todes, da die Philister seinen ausgeweideten Leichnam kreuzweise kopfunter ans Tor nagelten, und David, der statt seiner Gesalbte, ihn traurig abnahm und auch den seines geliebten Freundes Jonathan, Sauls tapferen Sohn.

David und Goliath

Von David, dem Hirtensohn und nachmaligen König von Israel, gibt es viel zu erzählen und wird viel erzählt. Jung war er, hatte hellbraune Locken, was die Weiber liebten, war schlank und geschmeidig, und hütete allein die Schafe seines Vaters Isai, denn seine Brüder hatten dem Aufruf König Sauls zum Krieg gegen die Philister Folge geleistet. An den Bächen füllte er seine Umhängetasche mit handgroßen, glattgeschliffenen Steinen, womit er seine Schleuder bestückte und sich im Zielen und Treffen übte, sollte er an den Hängen einen Wolf oder gar einen Bären erspähen, die um die Herde schlichen. Ein kleines Zelt hatte er sich bei einem der Pferche errichtet und nächtigte oft darin in den hohen, klaren Nächten des Frühjahrs mit ihren zahllosen Sternen, wie schon Abraham sie als Verheißung gesehen hatte. Eine Harfe, in weiches Lammfell geschlagen, barg er darin und spielte nachts oft darauf, sich zum Trost, einsam wie er war, und sang auch Lieder, die er selber erfand. Einen Tag vor jedem Sabbat belud er seinen zierlichen Esel mit Körben voll Brot und Speisen, auch mit einem Krug Wein, und besuchte die Brüder im Heerlager. Sie sollen nicht hungern, sagte sein Vater. Alle Krieger, wenn er ankam, grüßten ihn, teils auch mit derben Scherzen, weil er hübsch war; sie sahen ihn gern, und er blieb ihnen nichts schuldig.

Aber der bewaffnete Streit war lahm, verläpperte in Scharmützeln, keine Seite schien stark genug für Schlag und Sieg, und Saul, der König, saß unschlüssig und voll schwarzer Gedanken im Schatten des Eichgrunds. Da trat auf der anderen Seite des Tals eine neue, schwere Bedrohung hervor: Goliath von Gath, ein Riese und Nachfahre der Kinder Enaks. Die hatten unter den Amalekitern, Hethitern und Amoritern auf dem Gebirge gewohnt, aber Josua hatte sie vor Zeiten in ihren Städten bekriegt, besiegt und verbannt, nur zu Gaza, zu Gath und Asdod waren wenige übrig geblieben. Goliath trat in voller Rüstung daher: Er trug einen Helm aus schimmernder Bronze und einen bronzenen Schuppenpanzer, auch eherne Beinschienen, und hatte einen bronzebeschlagenen Schild auf den Schultern, trug auch einen Spieß, dessen Schaft wie ein Weberbaum, und dessen Spitze aus scharfem Eisen war. An der Seite trug er ein großes, zweischneidiges, scharfes Schwert. Goliath also stand da und rief zu dem Heer Sauls hinüber: »He! He, ihr! Was macht ihr?! Seid ihr nicht ausgezogen zum Streit?! Bin ich nicht ein Philister, und ihr seid Sauls billige Knechte? Einer von euch soll kommen und mit mir kämpfen! Schlägt er mich, wollen wir eure Knechte sein! Schlag ich ihn aber, sollt ihr unsere Knechte sein und uns dienen! He, ihr! Ihr Memmen! Schickt einen, der mit mir streitet! Oder muss ich euch Hohn sprechen Tag für Tag?!« Aber keiner der Krieger Sauls trat vor, denn sie fürchteten sich Tag für Tag.

David, als er hinab kam und seine Brüder begrüßte, hörte Goliath rufen und höhnen und fragte: »Was ist das denn? Hat keiner den Mut zum Zweikampf mit diesem Kerl da?« – »Ja, siehst du ihn nicht, wie er dasteht? Riesig! Gepanzert! Bewaffnet! Jeder wäre verloren, der den Kampf mit ihm wagte, und mit ihm wir alle, und der König mit uns!«, sagten die Männer, die da standen. »Da hilft's gar nichts, dass König Saul gelobt hat: Wer Goliath schlägt, den mach ich reich und gebe ihm meine Tochter zur Frau.« Und Davids ältester Bruder sagte ärgerlich zu ihm: »Geh nur wieder! Du hast hier nichts verloren, du musst unsere Schande nicht sehen!« Aber David fragte:

»Was ist mit dem, der ihn schlägt?« Und die Männer, die da standen, sagten wieder: »König Saul will ihn reich machen und gibt ihm seine Tochter zur Frau! Wer wird's aber wagen? Denn da geht's um alles!« Und David sagte: »Wenn's keiner wagt, ich wag es, um Gottes willen!« Sein Bruder aber sagte: »Sei nicht so vermessen! Kümmere du dich um Vaters Schafe!« Doch einer der Männer lief schon und sagte Saul, was David gesagt hatte. Der König ließ ihn holen, und David sagte, keinem sollte das Herz entfallen, der zu Gott bete, und sollte mit dem Philister kämpfen. »Du kannst nicht hingehen und mit diesem Goliath kämpfen!«, sagte Saul, »Du bist fast noch ein Knabe, und der ist ein Riese und Kriegsmann, geübt von Jugend auf.« Da sagte David: »Ich hüte die Schafe meines Vaters; einmal kam ein Bär und trug ein Schaf weg von der Herde, da lief ich ihm nach und schlug auf ihn ein mit meinem Stecken, dass er das Schaf aus dem Maul fallen ließ und sich gegen mich wandte; da packte ich ihn beim Bart und schlug auf ihn ein, bis er davonlief: Gott hat mir geholfen und hilft mir auch gegen den Riesen!« – »Gut, leg meine Waffen an!«, sagte Saul und zog David seine Kleider an und setzte ihm seinen Helm aus Erz auf und legte ihm seinen Panzer an und gürtete ihm das Schwert um die Hüften, und David fing an zu gehen, aber konnte es nicht. »So kann ich nicht gehen!«, sagte er, »Ich bin's nicht gewohnt.« Und legte alles wieder ab, zog seine eigenen Kleider an, nahm seine Hirtentasche mit den Steinen drin, seine Schleuder und seinen Stecken und ging hin, wo der Riese stand und immer noch alle höhnisch zum Zweikampf herausforderte.

Goliath sah ihn kommen und musste lachen, denn er sah einen Knaben, bräunlich und schön, geschmeidig und schlank, und sagte: »Was denn?! Bin ich ein Hund, dass du mit einem

Stecken kommst? Aber komm nur: ich werf dein Fleisch den Vögeln und wilden Tieren vor!« Er hob seinen Spieß David entgegen, der beiseite lief, einen Stein in die Schleuder legte, sie kreisen ließ, zielte, losließ und traf. Und er traf ihn genau an der Stirn, dass der glatte Stein ihm, Goliath, in die Stirn fuhr, sodass er vornüber auf die Erde fiel, und David, der kein Schwert trug, lief hin zu ihm, zog ihm das Schwert aus seiner Scheide, schwang es und hieb, vielmehr hackte ihm mühsam den Kopf ab. Als das die Philister sahen und begriffen, dass ihr Stärkster tot war, flohen sie. Die Krieger Sauls aber schrien auch auf und riefen und jagten den Philistern nach bis an die Tore Ekrons und erschlugen sie, wo sie sie trafen auf dem Weg zu den Toren bis gen Gath und gen Ekron. Dann kehrten sie um und plünderten das Lager der Philister.

Abner, der Feldhauptmann Sauls, jedoch ging David entgegen; der trug das Haupt des Philisters an den Haaren mit seiner Hand, Acht gebend, dass ihn kein Tropfen Blut besudelte. Und Abner führte ihn vor Saul, den König, der nahm ihn freundlich an und ließ ihn nicht wieder zu seines Vaters Haus kommen. Jonathan aber, der Sohn Sauls, sah David und gewann ihn lieb wie sein eigenes Herz, zog seinen Leibrock aus, den er anhatte, und sein Leinenhemd, bis er nackt war, bloß ein Mensch, und gab sie David, dazu seinen Mantel, sein Schwert, seinen Bogen und seinen Gürtel. Nackt schloss er ihn in die Arme, und so machten sie einen unverbrüchlichen Bund für die Zeit ihres Lebens. Saul wiederum setzte David über die Kriegsleute; das gefiel allem Volk, auch den Knechten Sauls. Und die Weiber der Städte kamen dem König entgegen mit Gesang und Reigen, mit Pauken, Geigen und Freuden, spielten gegeneinander und sangen: »Saul hat tausend geschlagen, aber David hat zehntausend geschlagen.« Das missfiel Saul, dem König, und er sah David sauer an ab diesem Tag. Goliaths Kopf hingegen wurde zum Zeichen auf einen Stein gesetzt vor Sauls Wohnung, wo Raben und Krähen den riesigen Schädel kahl pickten. Danach landete er auf dem Abfall.

Die Hexe von Endor

War sie denn eine Hexe, krumm auf ihre Krücke gestützt und eine grinsende Katze auf ihrem Schnitzbuckel tragend? Oder vielmehr eine weise Frau, die Teil hatte an vielen Kenntnissen und wieder und wieder überlieferten geheimen Lehren, dass sie deuten konnte, was sei, und offenbaren, was kommen sollte? Und war angesehen und mächtig in der Stadt, auch wenn König Saul die Wahrsager alle, die Zeichendeuter und Totenbeschwörer aus dem Land vertrieben hatte. Jetzt lagerte er sich zu Gilboa gegen die Philister, und sein Herz verzagte, denn weder durch Träume noch durch Propheten kam ihm Warnung oder Zuspruch; achtzig Priester hatte er töten lassen zu Nobe und mit ihnen die ganze Stadt. Schweigen war. Zu seinen Knechten sagte er: »Sucht mir ein Weib mit einem Wahrsagergeist, dass ich sie frage.« Und sie sagten: »Zu Endor ist eine.« Saul wechselte seine Kleider, dass man ihn nicht kennen solle, nahm zwei Männer mit, und sie kamen spät abends zu dem Weib. »Weissage mir!«, sagte Saul zu ihr, »Und bring mir herauf, den ich sage!« – »Weißt du nicht, was Saul getan hat?«, fragte sie da. »Der König hat die Wahrsager, die Zeichendeuter und Totenbeschwörer ausgerottet aus diesem Land, und du willst mich ins Netz führen, dass ich getötet werde?« – »Bei Gott!«, sagte Saul, »Dir geschieht nichts. Ich sag es keiner Menschenseele, und den König lass meine Sorge sein!« – »Wen soll ich dir heraufbringen?«, fragte das Weib. Und er sagte: »Bring mir Samuel herauf!« Sie ging hinaus und nahm das Licht mit. Nacht war in der Kammer: tiefe, lichtlose Nacht. Ein dünner, sehr leiser Geruch, doch stechend scharf, füllte zunehmend gleich einem Gas die Finsternis. Saul stand auf, tastend zur Wand, kehrte sich um, presste Rücken und Handflächen an das Holz, sog Luft durch zusammengebissene Zähne, einmal und wieder. Nichts war. Nacht. Nichts. Dann schien ein Glimmen, bläulich, das kein Licht gab. Dann hob sich ein Schädel darin, sehr alt, fleckig überspannt von dünnster Kopfhaut, die Augenhöhlen hoch gewölbt, leer, glimmend ohne Licht, und der Schädel stieg ein weniges über den Purpur des Priesters darunter. Da neigte sich Saul, denn er sah, dass es Samuel war, der ihn beides, gesalbt und verworfen hatte als König. Und Samuel sagte so, als spräche er nicht, sondern welkes Laub raschle im Wind: »Warum rufst du mich? Warum lässt du mich holen?« – »Ich habe Angst«, flüsterte Saul, »denn eine Schlacht steht bevor mit den Philistern, aber Gott antwortet mir nicht, weder durch Propheten noch Träume. Du sag: was soll ich tun?« – »Morgen sind du und deine Söhne bei mir, Leben und Königreich von dir gerissen.« Stille. Finsternis. Saul fiel, fiel zur Erde, so lang er war. Der Tote aber war verschwunden.

Da ging das Weib, ein Licht tragend, hinein in die Kammer, sah Saul liegen, und dass er sehr erschrocken war, bückte sich, hob mit der Linken leicht seinen Kopf an und sagte: »Ich habe auf dich gehört und mich mit dem, was ich getan habe, in Gefahr gebracht. Jetzt hör du auf mich: Ich setze dir einen Bissen Brot vor, dass du zu Kräften kommst und deiner Wege gehst.« – »Ich will nicht essen«, sagte Saul. Aber seine Knechte drängten gleichfalls in die Stube, hoben ihn auf, und er setzte sich aufs Bett, und sie sagten, er solle essen, dass er zu Kräften komme, denn er hatte den ganzen Tag nichts gegessen. Das Weib aber hatte zuvor ein gemästetes Kalb geschlachtet und nahm Mehl, knetete es und buk's ungesäuert, briet auch eine

Kalbsschulter und brachte Brot und Fleisch vor Saul und seine Knechte. Sie aßen, standen auf und gingen hinaus in die Nacht. Des andern Tags nach der Schlacht gingen die Philister, die Gefallenen auszuziehen, und fanden Saul und seine drei Söhne tot auf dem Gebirge Gilboa und sie schlugen sein Haupt ab.

Abigail

1

Sie nannten ihn ›Hansnarr‹, aber nur hinter seinem Rücken, denn er war auch hintersinnig und berechnend, deshalb durfte er's nicht hören: er hätte sich gerächt. Wie Nabal seine Frau, die schöne Abigail, ergattert hatte, war Beweis genug: Sie war Nachbars Kind und noch jung, unbeholfen und verspielt wie ein Kälbchen; keiner dachte sich was dabei, ein bisschen mit dem Kind zu albern, aber er, Nabal, sah, wie schön sie in ein paar Jahren als junges Mädchen sein würde, und kaufte unter der Hand dem Nachbarn, der ein unwilliger Landwirt war, hier ein paar Schafweiden ab, auf denen eh nichts wuchs als Gras und Wacholder, da einen steinigen Hang, dort noch ein Feld voller Unkraut, und den, als er plötzlich Geld in der Hand hatte, es nicht mehr litt im Flecken Karmel. Er ging oft und immer öfter durch die Weingärten und Terebinthen hinab in die Stadt und verjubelte es beim Kartenspiel und mit den Huren. Als Abigail mannbar wurde und schön wie die Knospe einer Apfelblüte, heiratete Nabal sie. Eine alte bucklige Verwandte, die mehr schlecht als recht den Haushalt in Maon führte, führte auch die Riten durch. Ihr Vater kam nicht einmal herauf aus Gat, der Stadt der Philister, um mitzufeiern, falls er dort überhaupt noch war und nicht weitergezogen war bis Akko; er blieb jedenfalls verschwunden.

Sonderbar: Nabal besaß sie jetzt, aber berührte sie nicht! Dreckige Lästermäuler verzogen sich manchmal höhnisch und knurrten sowas wie: Der hat doch seine Schafe ... Und Abigail war fröhlich, fröhlich und fleißig! Erst ging sie in Haus, Hof, Garten und Feld herum, lernte die Leute kennen, die für Nabal und sie arbeiteten, ließ sich alles erklären, merkte sich's und merkte sich auch ihre Namen. Missstimmungen hellte sie auf, indem sie den Ursachen nachging und die, wenn's irgend ging, beseitigte. Aber dumm kommen durfte ihr keiner. Böse wurde sie nicht, aber unnachgiebig, und wenn ein Knecht glaubte, er könne umspringen mit ihr, weil sie eine Frau war, der erfuhr, sie war auch Herrin. Nabal stellte sie niemals in Frage, allenfalls redete er unter vier Augen mit ihr, gelegentlich meinend, sie solle die Sache vorsichtig und auf gute Art bereinigen. Was sie tat. Sie vertraute ihm. Sah aber auch: er war hart, hart und gerecht nach eigenem Urteil. Und sie fing an, zu wirtschaften. Das war nicht unerheblich: Dreitausend Schafe – jedenfalls nicht weniger – und wohl tausend Ziegen hatte Nabal zu Karmel, da wo's die Hänge hinabgeht zum Rand der Wüste Pharan. Die Lämmer und die Zicklein wurden versorgt, die Ziegen und Schafe gemolken, Schafskäse und Ziegenkäse bereitet. Darüber wachte die Herrin und weitete den Verkauf aus bis nach Zif und Eschtemoa. Ziklag, das unselige Ziklag, war zu weit ab, um stets versorgt zu werden. Die Wolle aber, das bewerkstelligte Abigail, wurde gewaschen, gekämmt und in großen Ballen verkauft das Terebinthental hinunter nach Gat.

Wieder war Schafschur in Karmel: harte Arbeit mehrere Tage lang für die Hirten in der Schafskälte, und zum Abschluss ein Fest am Feuer bei den Pferchen. Da kamen ein paar Kerle dazu, die keiner kannte, die aber ganz freundlich waren, obwohl sie ihre Messer sichtbar trugen, und die mit Nabal reden wollten, nachdem sie ordentlich zugelangt hatten. Nabal, sonst eher mürrisch, war freundlich bei solchen Gelegenheiten, und sie sagten: »Glück zu! Friede sei mit dir und deinem Haus und allem was du hast! David, Sohn Isais, der uns anführt, wünscht dir das. Du weißt ja, dass deine Hirten mit uns gewesen sind, und wir haben sie nicht verhöhnt, und ihnen hat kein Stück gefehlt, so lang sie auf der Weide gewesen sind. Also gib deinen Knechten und deinem Sohn David, was deine Hand findet.« – »Hm!«, sagte Nabal und kniff die Augen zusammen. Die Messer sah er wohl. »Wer ist dieser David?«, fragte er. »Ich höre, dass immer mehr Knechte sich von ihren Herren reißen, und ich soll mein Brot, mein Wasser und das Fleisch nehmen, das ich für meine Scherer geschlachtet habe, und Leuten geben, die ich nicht kenne und nicht weiß, wo sie her sind und wo sie hingehören?« (›Verpisst euch!‹, wollte er hinzufügen, aber verkniff sich's, er wollte keinen Streit.) Es stimmte, von den Herden war keine gestohlen und weggetrieben worden während des Winters; die Kerle, wenn sie da unten in der Halbwüste hausten, hatten sich womöglich anderwärts bedient und jetzt wollten sie teilen, eine Art Schutzgeld einfordern? Wie viele waren es? Und er sah sich nach seinen Knechten um. Die Kerle gingen tatsächlich; er atmete auf.

Hätte er gut getan, wär er mit ihnen gegangen den Hang hinunter zu der geräumigen Höhle, in der sie hausten, und wo David auf sie wartete. Dem berichteten sie, und der flammte auf im Zorn. »Jeder gürtet sein Schwert um!«, zischte er und nahm seins und tat es um, und sie taten dasselbe, und er fluchte und sagte: »Gott tue mir dies und das, wenn ich bis zum Morgen einen übrig lasse, der gegen die Wand pisst von Nabals Leuten!« Und sie stiegen ihm nach den Hang hinauf, während die Nacht einfiel.

Abigail hatte für das Fest vorgesorgt mit Brot und Wein, gekochten Schafen, Rosinen- und Feigenkuchen, Öl und Mehl, wenn jemand Fladen wollte, und als jetzt ein schon älterer Knecht zu ihr in die Scheuer kam und ihr sagte, was eben bei den Feuern geschehen war, ließ sie alles stehen und liegen, denn wer David war, wusste sie. Sie hatte gehört, dass der alte verbitterte Richter Samuel, den sie gerade zu Rama begraben hatten, aus Trotz und Bosheit gegen Saul diesen David gesalbt hatte, er solle König werden – wahrscheinlich an irgendeinem Nimmerleinstag. Jedenfalls machte der Bursche sich davon und jedenfalls war er gefährlich. Dem Knecht sagte sie, er solle ihr helfen, zwei Esel zu beladen, bestieg selber den ihrigen und machte sich auf den steinigen Weg durch den Wald zur Wüste Pharan hinunter. Nabal sagte sie nichts, das war reine Männersache in seinen Augen, das wusste sie. (Im Nachhinein, wenn auch keineswegs ihretwegen, wurde erzählt, sie habe ihr Brusttuch aufgetan, und ihre marmelweißen Brüste hätten im Sternenlicht das Dunkel des Bergs erleuchtet, sodass David sie, die später als drittschönste Frau der Welt galt, gefunden habe. Darüber hätte sie gelacht, hätte sie's je gehört. Ihr stand wahrhaftig Schlimmeres bevor.) Aber sie begegnete David und seiner Bande; er ging voraus.

Sie stieg ab von ihrem Esel und verbeugte sich, ihr Schultertuch raffend, und sagte: »Um Vergebung. Du gehst voraus, bist du David?« – »Der bin ich. Sperr mir den Weg nicht, Frau! Den Weg zu Nabal und seiner Schafschur nach Karmel! Bevor der Tag hell wird, das sag ich dir, wer immer du bist, wird keiner, der gegen die Wand pisst, von seinen Leuten am Leben sein!« – »Ich bin Abigail, die Frau Nabals, und habe gehört, was vorgefallen ist. Es tut mir leid, David. Die Esel da sind bepackt mit eurem Anteil, nimm sie! Und bist du der, den der alte Samuel gesalbt hat, wie man sagt, hör auf mich, kehr um! Denn tust du, was du vorhast, bist du bloß ein gewöhnlicher Räuber mit Blut an den Händen. Welcher Segen soll auf dem liegen?« David schwieg. Dann streckte er die rechte Hand aus, fasste Abigail unters Kinn und sah ihr in die Augen, die sie nicht niederschlug. »Danke!«, sagte er, gab dem ein Zeichen, der hinter ihm stand, die Esel mit ihren Lasten zu nehmen, und kehrte sich um, bergab.

Abigail eilte zurück. Nabal hatte ein Festmahl im Haus herrichten lassen, freute sich, als sie kam, und so tafelten sie und tranken vom Wein. Nabal über den Durst, aber sie sagte ihm nicht, was sie getan hatte, nicht wem sie begegnet war, nicht, was sie gesagt hatte. Aber fröhlich war sie, ausgelassen bis zum baldigen frühen Morgen, da sagte sie's ihm. »Ah so!«, sagte er, sah sie an und verstummte. Nach einer Weile erhob er sich, stützte sich auf den Tisch und sagte: »Das war eine Männersache. Das war sie.« Dann ging er in seine Kammer. Abigail ging zurück in ihr Haus nach Maon. Ein Messingspiegel lag da in ihrer Kammer: den hob sie auf und blickte hinein, aber schenkte ihn ihrer Magd. Nach drei Tagen kam sie auf ihrem Esel nach Karmel, ordnete alles wie gewohnt, doch Nabal blieb in seiner Kammer, war auch nicht herausgekommen, noch nicht einmal für seine Notdurft, wie sie erfuhr. Mit Wasser und leichtem Gebäck ging sie zu der Tür, aber die war verschlossen. Sie klopfte, leise und laut, doch nichts. Kein Laut. Kein Atmen. Kein Schritt. Sie rief seinen Namen. Er gab keine Antwort. Da ging sie zurück in ihr Haus. Anderntags kam sie wieder. Alles

Gesinde, Knechte und Mägde, umringte sie. Zwei junge, die an der Tür standen, hatten Äxte. Denen nickte sie zu, und sie brachen die Türe auf. Nabal saß auf seinem Stuhl: er war tot.

Abigail ordnete alles – wie gewohnt –, sprach mit den Ältesten in Maon und Karmel, und Nabal wurde bestattet. Noch einmal betrachtete sie sein Gesicht, bevor es mit Leinenbinden umwickelt, und sein Leib in die steinige Erde versenkt wurde. Ihr eigenes Antlitz glich einer Maske. Botschaft schickte sie keine den Berg hinab. Doch David beeilte sich für den Fall, dass sie schwanger und ihr Kind Erbe wäre, dann brauchte es ihn als Vater, sonst war ihm Nabals Reichtum trotz Abigails Liebe verloren. Er schickte aber einen Vertrauten, der sprach mit Abigail. Sie hörte. Sie verlangte vier Tage. Dann hatte sie alles geregelt, ritt auf ihrer weißen Eselin, fünf Dirnen hinter ihr und dahinter ein Trosswagen, den Berg hinunter. David nahm sie zu seiner zweiten Frau nach Ahinoam; die war mit Amnon, dem Erben, schwanger.

2

Um das Geschwätz der Weiber hatte sich Abigail wenig gekümmert. Was sollte das? Und gar Haremsweisheiten! Aber ihr war klar, um was es dabei ging: keineswegs nur um Männergelüste, obwohl die, der Natur der Sache nach, am Anfang standen. Entscheiden jedoch würde das Wort: wer auf wen hörte. Zumindest in ihren Augen. Zwar, wie ein Sturzbach strömte sie David entgegen, und der, wie immer strahlend und nackt, badete sich genussvoll darin, aber wenn sie tagsüber, was mühsam genug war, Duftöle oder teuere Essenzen zu besorgen bemüht war, vergaß sie niemals, ihren kleinen Vorrat an schmackhaften Kleinigkeiten aufzustocken: Datteln und Feigen, Soleier, Taubenbrüstchen, eingelegte Pilze, süßen Wein, Würzbier ... Dazu lud sie ihn nachts stets in seiner ersten Ermattung ein, und das war Redezeit. »Warum in der Wüste leben?«, fragte ihn Abigail. »Was beschwerlich ist, und auch da kannst du nicht sicher sein vor Sauls, des Königs, Leuten. Lass uns zu Achis gehen nach Gat. Dann bist du dem Zwist entzogen.« – »Das tu ich!«, sagte er nach der dritten oder vierten Nacht. Und ging, unkenntlich zwar, hinüber zu Achis, dem Sohn Maochs, der König war in dieser Stadt der Philister, und ließ um ein Gespräch unter vier Augen bitten, was ihm Achis gewährte, der jung war und wissbegierig, und der sagte: »Ja, wohnt bei mir in der Stadt.« Also zog David mit seinen Leuten und allem Anhang nach Gat. Doch zufrieden waren sie nicht, denn ihre Quartiere waren unbehaglich und eng, dazu teuer.

In einer der Nächte danach meinte Abigail: »Warum fragst du Achis nicht um mehr Raum, vielleicht in einer kleinen Stadt auf dem Land? Du gefällst ihm doch, und er will dir gefallen. Das seh ich seinem Blick an.« Aber David ließ sich Zeit, denn Achis erinnerte ihn an Jonathan, den Sohn Sauls, den er wie einen Bruder liebte – weit über Frauenliebe hinaus. Abigail, klug wie sie war, erwähnte die Sache nicht mehr, musste sie auch nicht, die Enge machte sich täglich und stündlich fühlbar, und schließlich sagte David zu Achis: »Hab ich Gnade gefunden vor deinen Augen, so lass mir geben Raum in der Städte einer auf dem Lande, dass ich darin wohne; was soll dein Knecht in der königlichen Stadt bei dir wohnen?« Da gab ihm Achis Ziklag. Das gehörte seitdem den Königen Judas zu eigen.

Und David zog mit seinen Männern wieder und wieder kriegerisch südlich und fiel ein ins Land der Gessuriter und Girsiter und Amalekiter, wo sie wohnten von alters her bis Sur gen Ägyptenland, und schlug das Land und ließ wahrhaftig keinen, weder Mann noch Weib, noch Halbwüchsige, noch Kinder leben und nahm Schafe, Rinder, Esel, Kamele und Kleider. Den Raub aber schickte er Achis zu, der glaubte, David sei eingefallen in Juda und habe sich stinkend gemacht bei seinem Volk, sodass er für immer sein bleiben müsse, sein Knecht. Das gefiel ihm. David jedoch sorgte dafür, dass keiner lebendig nach Gat kam, weder Mann noch Weib, noch wer immer der Sprache mächtig war, und Achis berichten konnte. Abigail in ihren Nächten, unfroh des wiederholten Blutbades, widerriet ihm vorsichtig, leichthin, doch er lachte und drängte in ihren Schoß.

Über Jahr und Tag versammelten die Philister wieder ihre Heere zu Jesreel gegen die Hebräer unter Saul, Jonathan und Abinadab, seinen Söhnen. Achis zog ebenfalls hinauf mit seinen Kriegern und mit David und seinen Leuten, aber die Fürsten der Philister sagten zu Achis: »Was soll das? Was will der bei uns? Soll der uns in den Rücken fallen, wenn wir Saul angreifen? Lass den Mann umkehren und an seinem Ort bleiben, wo du ihm Raum gegeben hast.« Und Achis ließ David rufen und sagte: »Hör, David, du bist mein Freund. Nichts Falsches hab ich bemerkt an dir, seit du zu mir gekommen bist. Aber du gefällst den anderen Fürsten nicht, also kehr um und geh hin in

Frieden, dass die Fürsten der Philister sich beruhigen ob dir.« – »Was hab ich getan, Achis?«, fragte David, »Woher solltest du Argwohn vor mir geschöpft haben, dass ich nicht dein Freund sei, und nicht streiten wolle gegen die Feinde meines Herrn, des Königs?« – »Du hast nichts Arges getan, mein Freund«, erwiderte Achis, »Das weiß ich, und ich misstraue dir auf keine Weise. Aber lass den Fürsten ihren Willen und zieh morgen mit deinen Leuten wieder heim nach Ziklag.« – »Wenn ich nicht kämpfe an deiner Seite, Freund, wie ich wahrhaftig will mit den Meinen, wirst du's nicht gegen mich halten?« – »Wie denn? Du tust mir einen Gefallen.« – »Gut denn, Achis, mein Freund und Bruder! Aber gib Acht auf dich! Denk daran, dass ich nicht an deiner Seite bin, um dich zu schützen, und wär's mit meinem Leben! Kämpfe mit Umsicht! Wir ziehen morgen ab in der Frühe, wie es die Fürsten wollen. Du aber ...« Hier unterbrach sich David und schloss Achis herzlich in die Arme. »Du aber kehr heil zurück!«

3

Als David mit seinen Männern am dritten Morgen zurückkam nach Ziklag, war die Stadt ausgeraubt und verbrannt. Die Amalekiter hatten sie überfallen, geplündert, angezündet mit Feuer, das Vieh, die Weiber und Kinder weggetrieben, unter ihnen auch Ahinoam mit Amnon, dem Kleinkind, und der hochschwangeren Abigail. Da schrien die Männer alle auf und jammerten, klagten, weinten, weinten bis zur Erschöpfung. Ein paar gaben David die Schuld, denn das war die Vergeltung für seine Raubzüge und Mordtaten; sie drohten ihm mit Steinigung. Er rief aber den Priester und hieß ihn die Lostasche schütteln, dass herausfiel das Los zum Kämpfen, den Sieg verheißend. Also zogen sie hinab zum Bach Besor, welcher die Grenze zu Amalek ist, und überquerten ihn und fanden einen jungen Ägypter auf dem Feld, ohnmächtig, den führten sie zu David. Drei Tage und drei Nächte hatte er nichts gegessen und kein Wasser getrunken. Sie gaben ihm zu trinken und gaben ihm ein Stück Feigenkuchen, auch zwei Stück Rosinenkuchen zu essen, und sein Geist und sein Bewusstsein kehrten allmählich zurück. David fragte den hübschen Jungen, wer er sei und wem er gehöre, und er antwortete: »Ich bin Ägypter aus dem Land Sur, in Knechtschaft verkauft an einen Amalekiter, seither sein Eigentum ...«, damit spuckte er aus »... aber mein Herr hat mich vor drei Tagen liegen lassen als krank, dass ich verrecke. Und ja, wir sind eingefallen in das Mittagsland Kalebs und das von Juda. Und ja, wir haben Ziklag überfallen, ausgeraubt und mit Feuer verbrannt. Und auch weggeführt allen Besitz und alle Weiber und Kinder zu Sklaven ...« – »Willst du«, fragte ihn David, »uns hinabführen zu dieser Rotte, welchen Weg sie genommen haben?« – »Ja, das will ich, das tu ich, wenn ihr mir schwört bei eurem Gott, denn ich sehe, ihr seid Judäer, und die halten ihre Schwüre aus Gottesfurcht.« – »Was sollen wir schwören?« – »Schwört mir, dass ihr mich nicht tötet, und schwört mir, dass ihr mich nicht ausliefert dem Mann, der mich gekauft hat und mir Übel will seither, nicht in die Hand dieses Mannes, so führ ich euch hinab.« – »Das schwör ich!«, rief David. »Wir schwören!«, riefen seine Männer. Und der junge Ägypter, inzwischen halb zu Kräften gekommen, führte sie hinunter zu dem Land, wo die Räuber überall zerstreut um ihre Feuer saßen und aßen und tranken und ihren Raub feierten und sich über die Weiber hermachten, die sie gewaltsam weggeführt hatten. Ahinoam, über Amnon gebeugt, das Kind, war in den Leib getreten worden, hatte sich eingesaut und war liegen gelassen worden. Abigail, am schönen Haar nach hinten gerissen, vergewaltigt trotz ihrer Schwangerschaft, hatte sich die Zunge zerbissen. Sie hat nie mehr geredet.

David mit seinen Männern erschlugen alle, die sich da ihres Raubs erfreuten, noch während der Nacht bis in den nächsten Morgen. Keiner entrann bis auf ein paar junge Burschen, die auf ihren Kamelen flohen. Frauen und Kinder und Vieh kehrten zurück nach Ziklag und lagerten außerhalb der Ruinen. Es herrschte Stille, durchdrungen von leisen Klagen und den Stimmen der Männer, die ihr Eigentum und ihr Vieh wieder sonderten. David ließ abseits ein Zelt errichten für Ahinoam, das Kind Amnon und Abigail. Doch betrat er es nicht.

Uria

1

Bath-Seba – sie war neugierig. Natürlich! Sie hatte einen neuen Nachbarn, so wie Jerusalem einen neuen Herrn hatte: König David, von Juda gesalbt, von Israels Ältesten gewählt und von den Jebusitern in ihrer, ja, widerstandslos übergebenen Stadt akzeptiert. Nathan, den Vorsteher der Prophetenschule hier, hatte er im Amt belassen, womit er auch sehr zufrieden war, wie er durchblicken ließ. Seinen Harem mit, wie sie hörte, genug Frauen und Kebsweibern, Kindern und Kegeln, hatte David über die Stadt verstreut untergebracht und wohnte selbst nebenan, denn für ihn wurde gerade ein Haus gebaut. König Hiram von Tyrus hatte ihm Bauleute gesandt und schickte ihm Ladung um Ladung von Zedernholz hinauf nach Zion für einen einzigartigen duftenden Palast. Manchmal, wenn der Wind günstig stand, atmete sie den Duft des Holzes, der sie die Brust heben ließ. Auch Uria, ihren Eheherrn, hatte er wie Ahitophel, ihren Onkel, bereits in seine Helden der Dreißig aufgenommen, und, ja, Uria hatte schon ausziehen müssen gegen die Kinder Ammon. Sie lächelte, als sie an ihn dachte. Wie keusch er war! Wie jung! Wie scheu, wenn er nachts zu ihr kam! Er blies alle Kerzen aus, nur ein Öllämpchen hinter ihr ließ er brennen. Sie sah ihn aber, als hätte sie Katzenaugen: seinen flaumigen lockigen Bart, den sie so gerne gekrault hätte, aber das mochte er nicht; seine schmale, doch kräftige und fast haarlose Brust mit den kleinen Warzen und ihren dunklen Höfen, dem flachen und festen Bauch: fast verlegen schlug er das Schamtuch nach rechts und links beiseite, bevor er – vorsichtig und behutsam – zu ihr kam, kurz nur, und sich rasch, zu rasch zurückzog. Ihr schien es wie ein Anbeginn, dem doch keine Mitte, kein Ende folgte. Und so war das.

Jetzt ließ sie das kühle Wasser aus dem schweren tönernen Krug über ihre Brüste, die lieblichen Tauben, rinnen. Die Magd brachte den zweiten. Dass sie maulte, weil sie ihn bis aufs Dach tragen musste: sollte sie. Ihr war's wohl. Da – wieder ein Lufthauch, wieder der Zedernduft …

Unten kamen Leute ins Haus, das hörte sie, nahm ihr Gewand und eilte bloßfüßig die Treppe hinab, die Magd war schon verlegen an der Tür. »Was ist? Was gibt's?«, fragte Bath-Seba. Zwei gleichgültige Burschen standen da; einer grinste und reichte ihr ein verschlossnes Papier. Schon waren sie wieder weg! »Die Dame des Hauses möge vorsprechen bei mir!«, stand da, gezeichnet mit einem D und einem kleinen Stern. Sie hob's vor die Augen – da war er wieder, der Duft! Sie flog ein paar Stufen hoch, warf einen Mantel über, einen Schal ums Haupt, schlüpfte in ein Paar Pantoffeln, ging zu Tür, bedeutete der Magd, da zu bleiben, trat im Schatten auf die staubige Gasse, eilte zum Nachbartor, das ein Bewaffneter auftat an einem Flügel, und dahinter stand er im offenen Mantel, schlug ihn um sie: so blieben sie stehn. Stille war, Dämmerlicht, Kühle. Und jetzt zitterte sie. Er hob sie auf, ging, sie sah nicht, wohin, Stufen hinauf und hinab. Da waren Düfte, da war ein Lager, darauf legte er sie, tat Mantel, Schal und Gewand ab von ihr, kniete sich vor sie, hob sie mit kraftvollen Händen halb empor und trank sie in vollen Zügen, durstig, gierig, setzte nicht ab, trank sie überall und an allen Stellen, dass sie nicht wusste, wo, und zerfloss und spürte, dass sein Leben eindrang in sie und pulste, pulsierte tief in ihr, tiefer, dass sich, ja, unten ein Laut, ja, aufsteigend, ja, ein Laut, Vogellaut jubilierend ihr entrang, und sie sank zurück und zog ihn über sich und versank. Doch er blieb. Dämmerung kam und die Nacht. Keine Öllampe gab ein Licht. Endlich sagte er sanft: »Du musst gehn!«, reichte ihr ihr Gewand, den leichten Mantel, den Schal, hob ihren rechten Fuß an die Lippen und streifte ihr einen Pantoffel über, dann so auch den linken, hob sie auf, trug sie über Treppen und Gänge zum Tor; der Bewaffnete öffnete es und begleitete sie zu ihrer Tür nebenan, die er hinter ihr schloss.

Sie blieb stehn, atmete, einmal, zweimal. Dann ging sie über den Hof, ging in die Badstube, befahl an der Tür der Magd: ›Heißes Wasser!‹, ließ ihren leichten Mantel, ihr leichtes Gewand von den Schultern gleiten, streifte das leichte Linnen vom Haar, nahm einen der Schwämme vom Sims und tauchte ihn ins heiße Wasser, das die Magd gerade hereintrug, und drückte ihn auf ihren kleinen festen weißen Brüsten aus, fuhr hinunter zur Scham und den Schenkeln: mehrfach, um sicher zu sein. Essenzen waren da auch, auch scharfe; die nahm sie, betupfte sich da und da, atmete auf, lächelte; ihr war wohl.

2

Ihre Tage blieben aus. Sie, die doch gesund war, wartete. Aufs Dach ging sie nicht mehr, das verbot sie sich. Aber sie sang und summte im Haus; verstummte, als ihre Regel wiederum ausblieb. Die Magd musste sie begleiten, sie wusste den Weg an den Abhang zum Kidronbach, zu den kleinen Häusern mit winzigen Gärten zwischen Mauern aus Feldsteinen und Abfall. Die schön bemalte Pforte der Weisen Frau leuchtete, bewacht rechts und links von dunklen Wacholderbüschen, dem Sadebaum. »Warum kommst du so spät, Kind?«, fragte sie. »Ich wusste nicht ...« – »Wolltest nicht wissen.« Stille war. »Und jetzt?«, fragte das Weib. »Ich muss. Sie steinigen mich.« Die Frau sah sie an. Durchdringend. »Das werden sie nicht«, sagte sie, als wäre ihr Blick auf etwas gestoßen: unnennbar. »Wacholder und Wermut. Geb ich dir«, sagte sie. »Verfahre so und so damit. Doch sieh zu, hörst du?«

Bath-Seba eilte nach Hause, gefolgt von der Magd. Und wieder ins heiße Bad. Doch als Nacht war, suchte sie das feine leinene Kopftuch aus der Truhe, das sie getragen hatte, nahm einen feinen Pinsel, nahm Tusche und schmückte die helle Fläche mit Schriftzeichen: ›Siehe, zur Unzeit schwillt mein Mond.‹ Nahm es, faltete es zusammen, legte es in eine Spanschachtel und darauf schrieb sie: »Dem König David.« Und wieder den kleinen Stern. Am andern Morgen gab sie die Schachtel der Magd, sie solle sie zum Nachbarhaus tragen und dort dem Türhüter geben.

3

David, sobald er die Botschaft gelesen hatte, eilte aufs Dach und blickte hinüber, doch sie zeigte sich nicht. Langsam stieg er hinab, ließ einen Boten kommen, er solle Joab aufsuchen vor Rabba, der Hauptstadt der Kinder Ammon, die er mit allem Heer belagerte, und ihm sagen, der König wünsche Bericht, er möge Uria, den Hethiter, schicken, ihn zu erstatten.

Uria kam am Abend, und David, schweigend, hörte ihn an, der kurze Zeit auf der Wachstube am Tor gewartet und dort ein paar Worte gewechselt hatte. Der schmale, hochgewachsene, junge Krieger sah den König nicht an, während er stand und sprach. Er sah gerade aus. Hat er, durchblitzte es David, etwas gehört auf der Wache …? Sei's drum! Er lobte ihn und: »Alles steht wohl! Geh nun hinab in dein Haus und wasch dir Hände und Füße!« Und Uria ging hinaus geraden Haupts von dem König, der schickte ihm nach sein Geschenk, eine Art Fresspaket. Uria ging nicht in sein Haus, er blieb bei der Wache, und das wurde dem König anderntags angesagt, der es wahrnahm und stieg hinunter zum Tor und sagte: »Uria, Mann, du bist doch weit über Feld hergekommen, warum bist du nicht in dein Haus gegangen, hast dir Hände und Füße gewaschen, gegessen und Wein getrunken, wie ich's wollte und dir wohl gönne, und wie's deine Kameraden auch tun, hm, ihr Männer, lieben Brüder? Also erhol dich, bleib einen Tag länger! Ruh dich aus in deinem Bett, da bist du nicht allein!« Die Männer lachten.

Uria wich das Blut aus den Lippen. Leise sagte er: »Joab, unser Oberster, und meine Kameraden, die Knechte sind meines Herrn Königs, sind im Krieg vor der Stadt Rabba, und ich sollte in mein Haus gehen, dass ich äße und tränke und bei meinem Weib läge, Bath-Seba: nein, das tu ich nicht, Kameraden, des seid ihr Zeugen!« Jetzt herrschte Stille. Und der König sagte leichthin: »Dann bleib auch heute hier, Soldat, iss und trink mit mir, und du gehst morgen.« Und labte ihn, legte ihm Leckerbissen vor und trank mit ihm und machte ihn besoffen. Aber auch wie! Doch am Abend ging Uria hinaus vom König, dass er sich schlafen legte auf sein Lager unten am Tor mit den Knechten seines Herrn, so, dass alle ihn sahen. Und ging nicht hinab in sein Haus.

Am andern Morgen schrieb David einen Brief an Joab, seinen Obersten, den Sohn seiner Tante Zeruja, und sandte ihm den durch Uria. Darin stand: »Wo der Streit am härtesten ist, dahin stell den Uria, und wendet euch hinter ihm ab, dass er erschlagen werde und sterbe!«

Und Joab stellte Uria dahin, wo die wildesten Männer aus Ammon, der Wasserstadt, kämpften, die einen Ausfall machten, und so fiel Uria. Als Bath-Seba es hörte, trauerte sie, doch als die kurze Frist um war, ließ David sie in sein Haus holen, und sie wurde sein Weib und gebar ihm seinen Sohn – zu früh: er war entstellt und war tot.

Joab aber nahm Rabba ein, die Hauptstadt der Ammoniter, und David, der gepriesene König, ließ alles Volk darin herausführen und legte sie unter eiserne Sägen und Zacken und eiserne Keile, dass Blut in Bächen davonlief, und verbrannte sie in Zieglöfen, dass schwarzer Rauch aufstieg. Und so tat er allen Städten der Ammoniter.

Abisag von Sunem

Alt war der König David geworden, wohlbetagt, und konnte nicht mehr warm werden, auch wenn man noch so viele Pelze und Kleider über ihn warf. Da berieten sich die Kämmerer und Diener und fragten sich: Konnte der König sein, dessen Mannheit ohne Stehvermögen war? Und sagten zu ihm, sie wollten eine schöne Jungfrau suchen, die ihn pflege und in seinen Armen schlafe und ihn wärme, besser als Kleider und Pelze. Sie suchten aber in jeder Stadt, und jede Jungfrau, die zweimal sieben Jahre alt war, musste vor sie treten in eine Kammer, ihr Hemd ablegen, sich zeigen von vorn und von hinten und schwören, sie sei unberührt. So fanden sie Abisag von Sunem, die Stengelblüte des Volks Israel, brachten sie nach Jerusalem zu König David, und sie pflegte und diente ihm und schlief nachts in seinen Armen, aber er regte sich nicht. Das nahmen alle wahr im Palast.

Da erhob sich Adonia, der Bruder Absaloms, nach ihm geboren und wie der ein sehr schöner junger Mann, dem Männer und Weiber nachsahen auf Straßen und Gassen, und sagte: »Ich werde König!«, nahm sich Wagen und Reiter und fünfzig Mann als Trabanten, die vor und hinter ihm gingen. Auch tat er sich zusammen mit Joab, dem Feldhauptmann, und mit Abjathar, dem Priester. Die halfen ihm. Zadok aber, der andere Priester Davids, und Nathan, der Prophet, und Davids Helden hingegen waren nicht mit Adonia, der oft in den Palast kam, die Hand seines Vaters hielt und dabei Abisag zulächelte, die die Augen niederschlug, gleichfalls lächelnd.

Nathan jedoch, der Prophet, hielt zu Salomon, dem andern Sohn Davids und der Bathseba, und sagte zu ihr, sie solle den

König an sein Versprechen erinnern, das er ihr seinerzeit getan hatte, als er den Uria, ihren Mann, in den Tod geschickt hatte, dass nämlich ihrer beider Sohn sein Nachfolger würde, und Bathseba ging hinein zum König, schickte Abisag hinaus, küsste ihn auf die Wange und sprach mit ihm. Auch Nathan ging hinein und sprach mit dem König von Salomon, und David tat, was sie wollten, das ist: Er ließ Salomon zu seinem Nachfolger salben und auf den königlichen Stuhl setzen. Das wurde Adonia angesagt, der sich fürchtete und zur Stiftshütte ging, die Hörner des Altars fasste und sagte: »Der König Salomo soll mir schwören, dass er mich nicht töten lässt.« Und Salomo sagte: »Wird er redlich sein, soll ihm kein Haar gekrümmt werden; wo nicht, muss er sterben.« Und ließ ihn vom Altar holen und sagte zu ihm: »Geh in dein Haus.«

König David entschlief bald darauf und wurde begraben in seiner Stadt, das ist: Jerusalem. Salomon aber saß auf dem Stuhl seines Vaters, und Adonia kam hinein zu Bath-Seba, und sie sagte: »Kommst du mit Frieden?« Und seine Antwort war: »Ja.« Und er sagte: »Ich will mit dir reden.« Sie sprach: »Sag an!« – »Du weißt«, sagte er, »dass das Königreich mein war, und ganz Israel hatte sich darauf gerichtet, dass ich König sein sollte; aber nun hat sich's gewendet, und das Königreich ist meines Bruders geworden – vom Herrgott ist's ihm geworden. Ich habe jetzt eine Bitte an dich, lehn sie nicht ab zu meiner Beschämung.« Sie sprach: »Sag an!« Und er fuhr fort: »Rede doch du mit dem König Salomo, deinem Sohn; er wird dein Angesicht nicht beschämen, dass er mir Abisag von Sunem zur Frau gibt.« Bath-Seba stockte und sagte dann: »Gut, ich will mit dem König reden.« Und bat Salomon, den König, um ein Gespräch, Adonias wegen.

Der König stand auf, ging seiner Mutter entgegen und verneigte sich vor ihr, setzte sich dann wieder auf seinen Stuhl, und ein anderer wurde für die Mutter des Königs gesetzt, dass sie sich setzte zu seiner Rechten, und sie sagte: »Ich habe eine kleine Bitte an dich, wollest mein Angesicht nicht beschämen.« Der König sagte: »Bitte nur, meine Mutter! Ich will dich nicht beschämen.« Da sagte sie: »Lass Abisag von Sunem deinem Bruder Adonia zur Frau geben; ich weiß, dass er sie liebt.« Da antwortete der König Salomo seiner Mutter: »Warum bittest du um Abisag von Sunem für Adonia? Hat er dich vorgeschickt? Bitte doch auch um das Königreich für ihn, denn er ist mein älterer Bruder und hat den Priester Abjathar und Joab, den Feldhauptmann, auf seiner Seite. Ich schwöre bei Gott, Adonia soll das wider sein Leben geredet haben. Und so wahr der Herr lebt, der mich bestätigt hat, und lässt mich sitzen auf dem Stuhl meines Vaters David und hat mir ein Haus gemacht, wie er's versprochen hat: heute soll Adonia sterben.« Und König Salomo schickte hin zu Adonia und ließ ihn töten.

Abisag von Sunem aber kehrte zurück in die Stadt, woher sie gekommen war: eine Jungfrau, einstmals die Stengelblüte Israels.

Ein salomonisches Urteil

Zwei Huren, das heißt: zwei käufliche Weiber, die um Geld Liebesdienste verrichteten, kamen zum König und traten vor ihn. Die eine sagte: »Herr König, es ist so: ich und dieses Weib wohnten in einem Haus, und ich gebar bei ihr im Haus. Über drei Tage, nachdem ich geboren hatte, gebar auch sie. Kein Fremder war mit uns im Haus, nur wir beide. Da starb dieses Weibs Söhnlein in der Nacht, denn sie hatte im Schlaf darauf gelegen und es erdrückt. Da ist sie aufgestanden, hat meinen Sohn von meiner Seite genommen, denn auch ich schlief, und hat ihn an ihren Arm gelegt, und ihren toten Sohn legte sie an meinen Arm; ich schlief noch. Als ich morgens früh aufstand, um meinen Sohn zu stillen, ach, da war er tot. Aber als es hell wurde, sah ich ihn genau an: das war beileibe nicht das Kind, das ich geboren hatte. Mein Sohn lebt, das weiß ich!« Und die andere sagte: »O nein! Dein Sohn ist tot, mein Sohn lebt! Das spürt eine Mutter!« So redeten sie hin und her vor dem König und vor allem Volk im Tor, wo Gericht Statt hat.

Der König verlangte ein scharfes Schwert. Und während es gebracht wurde, dachten nicht wenige darüber nach, wer wohl die Weiber bezahlt hatte, um Salomo, den König, auf die Probe zu stellen, denn sein Vater David hatte ihn als seinen Nachfolger salben lassen zu Gihon und nicht in Jerusalem vor Adonias Aug und Ohr, der glaubte, er würde schon sicher auf Davids Stuhl sitzen, während David noch Salomo mahnte, Joab, den Feldhauptmann, der Kriegsblut im Frieden an seinen Gürtel und an die Sohlen seiner Schuhe getan hatte, keinesfalls im Ruhm seiner grauen Haare in die Grube fahren zu lassen; auch den Simei, der ihm schändlich geflucht hatte, solle er mit Blut an seinen grauen Haaren unter die Erde bringen. Beides erfüllte Salomo, als er König war, und er verbannte auch Abjathar, den Priester, aber Adonia, den Schönen, der Abisag von Sunem zum Ausweis seines Rechts als Thronerbe zur Frau begehrt hatte: ihn ließ er töten.

Jetzt hielt Salomo, auf seinem Stuhl sitzend, das Schwert in Händen, prüfte seine Schärfe und sagte: »Teilt das Kind, das lebt, in zwei Hälften und gebt der Frau eine Hälfte und der andern die andere Hälfte.« Da lief's wie ein Einatmen durch die Menge, und das eine Weib sagte: »Ach, Herr König, Herr König, gebt ihr das Kind doch lebendig, tötet es nicht!« Und das andere Weib sagte: »Es sei weder dein noch mein! Mag es tot sein!« König Salomo schwieg, als säh er vor Augen das Kind tot, und hörte vor Ohren einen Satz von einem blutigen toten Kind vor seinem Richtstuhl, und sagte: »Gebt ihr das Kind, die's am Leben lassen will; sie wird seine Mutter.« Und alle atmeten auf, die im Tor standen; das Urteil wurde gerühmt im ganzen Königreich, und alle Leute fürchteten sich vor dem König, denn die Weisheit, Gericht zu halten und Zukunft zu schaffen, war sein. Das kam aber daher, dass er ein hörendes Herz hatte.

Die Königin von Saba

In Reicharabien, in der Stadt Saba, lebte eine kluge Königin, die hörte ein Gerücht vom König Salomo, dass er klug wäre und weise, und hatte Lust, ihn mit Rätseln zu versuchen, machte sich also auf und kam nach Jerusalem mit sehr vielem Volk und vielen Kamelen, die Lasten von Spezereien, Gewürzen, Gold und Edelsteinen trugen. Das war aber, als trüge sie Eulen nach Athen, denn der König Salomo war reich über die Maßen; er saß auf einem hohen Thron von Elfenbein, der war ganz überzogen mit Gold, und sechs Stufen führten hinauf zu ihm. Auf jeder Stufe aber saßen zwei Löwen, einer links, der andere rechts, die waren alle zwölfe aus purem Gold, und die Säulen im Saal waren aus Sandelholz, und alle Schätze, die er sich wünschte, brachten die Schiffe des benachbarten Königs Hiram für ihn aus dem Land Ophir. Ägyptenland aber sandte edelste, feurigste Rosse, dazu Streitwagen an die tausend.

Oh, wie sie ihn rühmte! Aber doch stellte sie ihm ein Rätsel und fragte ihn: »Wer wird grünen wie ein Blatt?« Salomo antwortete ihr und sagte: »Morgen will ich dir die Lösung ansagen. Heute aber bitte ich dich an meine Tafel.« Das sagte er, damit er Zeit hatte, sich des Nachts mit seinen Ratgebern zu beraten. Die sagten ihm auch, er möge vor seinem Thron ein Geviert mit silbernen Platten auslegen lassen. Silber wurde zu diesen, des Königs Salomo Zeiten geachtet wie das Pflaster auf Straßen und Gassen. Aber die Antwort auf der Königin Rätselfrage wussten sie nicht.

Am andern Tag saß der König auf seinem Thron, als die Königin erschien und ihn begrüßte. Er aber dankte ihr für die 120 Zentner Gold, die ihre Begleiter inzwischen seinem

Kämmerer als Geschenk übergeben hatten, dazu Gewürze und kostbare Salben und Spezereien im Überfluss, wie sie im ganzen Land unbekannt waren. Sie aber sagte ihm: »Es ist wahr, was ich gehört habe. Jetzt habe ich es gesehen: dein Haus und deine Speise und wie deine Knechte wohnen, denen es an nichts fehlt, deiner Diener Kleider und alles, wonach ich gefragt habe, denn alles wollte ich wissen. Ich werde dich rühmen für und für, wenn ich zurückkomme in mein Land nach Reicharabien, o König. Du aber sag mir die Lösung meiner Scherz- und Rätselfrage, denn noch vor deinem Reichtum wird deine Weisheit gelobt.«

Der König indessen antwortete nicht. Stattdessen konnte er sich des Lachens nicht mehr enthalten. Verwirrt blickte die Königin um sich und sah, dass alle im Saal sich mühten, das Lachen zu unterdrückten, und ihr Blick fiel nach unten auf ihre Füße, da sah sie, dass sie auf Silber stand, welches glatt poliert war, sodass es spiegelte, und sie erschrak, erschrak zutiefst, denn sie wusste, alle sahen, was ein großes Geheimnis war in ihrem Land und auch in ihrer Stadt Saba und in aller Welt, nämlich: sie hatte Bocksfüße!

Sie warf den Kopf in den Nacken und sah wiederum den König an. »Nun?«, fragte sie. »Werd ich's hören?« Und nun war's an Salomo, zu erschrecken, denn weder ihm, noch seinen Räten war eine schlagende Lösung eingefallen. »Es ist ein Baum, äh, ein Busch, äh, ein Büschel Gras ...«, stotterte er. »Das, o weiser Salomo, soll des Rätsels Lösung sein? Das, möchte ich sprechen, glaubst du wohl selber nicht.« Und sie ließ ihren Blick langsam über die Reihe von Räten und Dienern gleiten, denen das Lachen verging. »Ich will dir die Lösung sagen inmitten all deiner Pracht, mein königlicher Freund. Die Lösung lautet: ›Wer sich auf seinen Reichtum verlässt, der wird untergehen; aber der Gerechte wird grünen wie ein Blatt.‹ Und nun: Leb wohl!« Damit wandte sie sich um, winkte ihrem Kämmerer, der jung war und mannhaft und schön und sie auf der Reise begleitet hatte.

Und geschmeidig ging sie aus dem Saal, von ihm gefolgt.

Jona

Eigentlich hasste Jona das Meer. Als Bub hatte ihn sein Vater einmal mitgenommen in den Hafen von Askalon. Dort war er, während der Vater sich in einer Kneipe mit ein paar halb abgetakelten Matrosen unterhielt, von der Kaimauer in das graue dreckige Wasser gefallen und beinah ersoffen, denn woher sollte er schwimmen können? Nur weil einer der Burschen ihm ein Seil zugeworfen und es unter aufmunternden Sprüchen festgehalten und mit ihm, der sich wie eine Krabbe daran klammerte, hochgezogen hatte, hatte er diesen tropfnassen Ausflug überlebt. Er hatte den Burschen damals nur dem Tonfall nach verstanden, hatte aber später in der Prophetenschule ein paar Brocken der fremden Sprache gelernt, die in Ninive geredet wurde, woher der Bursche wohl stammte. Es war assyrisch, erfuhr er, und der Klang verschaffte ihm, obwohl ihm das nachgerade unerklärlich war, ein erhebendes Gefühl. Als dann eines Nachts der Ruf an ihn erging, sich aufzumachen und der Stadt Ninive Buße zu predigen, auf dass sie bei ihren großen Sünden nicht einem Strafgericht Gottes anheimfalle, stand er noch im Stockfinstern auf, schnürte ein paar Kleider zu einem Bündel, warf's über die Schulter und machte sich auf den Weg hinunter nach Askalon.

Im Hafen fragte er herum, ob eines der Schiffe nach Norden führe, nach Tharsis. Fort, nur fort wollte er, denn nach Ninive wollte er auf gar keinen Fall! Beim ersten, das er fand also: er verhandelte nicht, bezahlte das Fährgeld, das sie verlangten, und ging, wie er da stand, aufs Schiff. Das legte alsbald ab, denn es war schon überfüllt mit Reisenden und mit Waren, segelte aus dem Hafen und wandte sich, als es auf offener See war, nach Norden. Da segelten sie, aber anderntags mussten sie das Segel einholen, denn der Himmel wurde schwarz, tiefschwarz, und zeigte im Westen einen Gelbstich als wie von Schwefel: ein Sturm und Unwetter erhob sich, dass alle dachten, das Schiff würde zerbersten, und alle schrien und beteten zu ihren Göttern und warfen alles, was da im Schiff war, ins Meer, dass es leichter würde, und schöpften Wasser über Bord, so gut es gehen wollte, auch mit bloßen Händen, nur Jona war nach unten ins Schiff gestiegen; da lag er seelenruhig und schlief. Der Schiffsherr weckte ihn: auch er solle zu seinem Gott beten, nichts solle unversucht bleiben, ihm hätten seine Schiffsleute erzählt, er hadre mit seinem Gott, also sei es vielleicht er, dessethalb sie in Seenot geraten seien … Aber da hatten ihn zwei Matrosen schon gepackt, hochgezerrt, an Deck gehievt und ihn wortlos über die Reling geworfen. Jona konnte noch immer nicht schwimmen – woher auch? – und sackte ab wie ein Stein. Aber noch eh er gewahr wurde, wie ihm geschah, tat vor ihm ein riesiger Fisch das Maul auf und verschlang ihn, einfach so, mit Haut und Haar.

Wär tieferes Dunkel möglich, da war es: Jona wusste nicht, ob er am Leben war oder tot. Wirre Gebete taumelten durch seinen Kopf, er wurde ohnmächtig, und nach drei Tagen spie der Fisch ihn, den Unbekömmlichen, wieder an Land. Da lag er in einer kleinen Felsenbucht; kein Lüftchen regte sich mehr, und das Wasser plätscherte, Sonne funkelnd, um seine Füße. Wo war er? Er hatte keine Ahnung, kletterte, triefend nass und nach Fisch stinkend, die Felsen empor und wandte sich landeinwärts, ging dann, bettelnd und laut redend, immer nach Süden und ließ dabei die große Stadt Ninive sehr in der Ferne links liegen. Doch half ihm das nichts. Als er wieder daheim in seiner Kammer lag, erging nachts wieder das Wort an ihn, er solle sich aufmachen und der Stadt Ninive Buße und Umkehr predigen: des Herrn Geduld sei erschöpft, und wo sie's nicht tue, sei ihr Untergang sicher.

Kleider hatte Jona nun nicht mehr, die er für unterwegs hätte über die Schulter werfen können, doch Pilgern, das war er gewohnt, und so machte er sich wieder auf den Weg. Hafenstädte freilich, die mied er diesmal. Ein halbes Jahr lang war er unterwegs, dann kam er vor das westlichste Stadttor Ninives, eines von achtzehn Toren, die in die große Stadt führten.

Drei Tagesreisen brauchte es, sie zu durchqueren. Gärten waren im Innern, darin spendeten Zypressen und Maulbeerbäume Schatten, auch Palmen und Granatapfelbäume. Wasser floss in Brunnen und Röhren, und hohe Mauern ragten auf, bewacht von riesigen Stieren mit gekrönten Menschenhäuptern und gewaltigen Flügeln. Einen Tag weit ging Jona hinein in die Stadt und predigte da und sagte: »In vierzig Tagen wird Ninive untergehen! Lasst ab von euren Sünden! Tut Buße! Fastet und betet! Streut Asche auf euer Haupt!« Und ging einen weiteren Tag in die Stadt und predigte abermals: »Tut Buße, ihr Leute! Hört auf das, was Gott euch sagt! Fastet und betet! Verlasst eure bösen Wege! Eure Hände lasst ruhen vom Frevel!« Und am dritten Tag hörte der König zu Ninive, was Jona gesagt hatte. Er stand auf von seinem Thron, legte den Purpur ab, hüllte sich stattdessen in einen Sack und setzte sich in die Asche, aber ließ ausrufen und kundtun: »Menschen und Vieh, Ochsen, Esel und Schafe, sollen nicht Nahrung nehmen, noch weiden, noch Wasser trinken, und sollen sich in Sackleinwand hüllen beide, Menschen und Vieh in der großen Stadt Ninive, und sollen beten Tag und Nacht, dass Gott sich wenden möge und ablassen von seinem grimmigen Zorn und die Stadt nicht verdürbe.« Jona hörte und sah offenen Maules, wie die Leute fasteten und beteten, Säcke anzogen und in der Asche saßen groß und klein, hoch und niedrig. Gott sah's auch, und die große Stadt reute ihn, und er verdarb sie nicht – noch nicht.

Wie das Jona verdross! Vor sich hin maulend, verließ er Ninive und maulte am dritten Tag immer noch, als er ostwärts der Stadt und ihrer gewaltigen Mauer auf einer Anhöhe saß, dass er desto besser sehen könnte, wie es der Stadt ergehen würde. Ein Rizinus wuchs hier über Nacht auf, der warf ihm Schatten, während er saß und lauerte. Doch nichts geschah, und prompt maulte er wieder gegen Gott: er habe es ja gewusst von Anfang an, weshalb er auch erst nach Tharsis gesegelt sei, dann aber doch, weil er wohl oder übel gemusst habe, gepilgert sei nach Ninive und habe tagelang gepredigt vom völlig verdienten Untergang der Stadt, aber nein: nichts! Nichts und wieder nichts! Wozu sei er nun Prophet? Lieber wäre er tot als am Leben! Aber der Rizinus verdorrte, von einem Wurm gestochen, sodass Jona nun schattenlos in der Sonne saß, sich giftete und ebenso Gott angiftete, dass er ihn da so sitzen ließ. Und halb belustigt fragte ihn Gott, ob er denn meine, dass er sich zu Recht gifte wegen des Rizinus? »Zu Recht?! Zu Recht und bis in den Tod!«, maulte Jona. »Hast du den Rizinus denn gepflanzt und groß gemacht in einer Nacht und an einem Tag? Hast du ihn geharkt und gewässert, hm? Und führst dich jetzt derartig auf? Aber mir soll Ninive nicht leidtun, eine so große Stadt? Du hast ja gesehen: Hunderttausende leben darin, Menschen, die kaum den Unterschied wissen, was rechts oder links ist. Von den vielen Tieren gar nicht zu reden.« Da ließ Jona die Ohren hängen, ging zurück in die Stadt, lebte da still, bescheiden und, ja, ließ Gott einen guten Mann sein. Er freute sich an den ihm vertrauten Lauten der Sprache, die er bald selbst, wenn auch unbeholfen sprach, und die zahllos als Zeichen in Ton gebrannt oder in Stein gemeißelt an allen Säulen und Bildern zu lesen war. Nachmals sanken seine Gebeine mit der Stadt in den Staub.

Tobias

Der junge Tobias, ein braungelockter, ganz hübscher, aber ein bisschen verdruckster Bursche, hasste seinen Vater Tobias! Das gestand er sich allerdings nie ein. Der alte Tobias war ein Geizkragen, so geizig, dachte der junge, sogar am Namen hat er gespart. Und er grauste sich auch, denn der alte Tobias barg Leichen von der Straße, oder wo er sie fand, versteckte sie im Haus und nachts begrub er sie heimlich, denn niemand in Ninive wollte noch etwas wissen von den Kindern Israel, seit König Sanherib, rätselhaft im Gemüt geschlagen, zurück war aus ihrem Land. Der Alte aber musste es nicht umsonst tun, denn die furchtsamen Angehörigen der Toten zeigten sich dankbar und erkenntlich, zumal der Alte bei solchen Gelegenheiten stets überfloss von Gebeten und frommen Sprüchen alter Art. Dennoch verlor er aufgrund dieser trübseligen und finsteren Tätigkeit sein Augenlicht immer mehr und hatte deswegen Angst um sein Auskommen. Überall trieb er Außenstände ein, doch nach Ekbatana, wo noch eine beträchtliche Schuld samt Zins und Zinzeszins sein war, konnte er nicht mehr reisen. »Was mach ich?«, fragte er sich Tag und Nacht. »Soll das Geld verloren sein? Ich werde betteln müssen und elend auf der Straße sterben. Was mach ich bloß?« Endlich rief er seinen Sohn zu sich. »Du musst nach Ekbatana und dort in meinem Namen einen Ausstand samt Zins und Zinzeszins eintreiben. Ich kann selbst nicht mehr reisen.« Das war dem braven Burschen beschwerlich, und er sagte: »Vater, das will ich gern tun. Aber wie soll ich das Geld einmahnen? Dein Schuldner kennt mich nicht, und ich kenne ihn nicht, wie wird er mir glauben? Geschweige denn, dass ich den Weg dahin weiß.« – »Ich habe die Schuldverschreibung, die geb ich dir mit, auch mein Siegel als deinen Ausweis. Wenn du beides vorweist, gibt er dir das Geld, da bin ich sicher, sonst klag ich's ein – trotz der Entfernung. Und was den Weg anlangt, hast du nicht einen älteren Kameraden bei deinen Gesellen, der's gut mit dir meint, und der sich auskennt? Der treu ist und mit dir geht? Er muss es auch nicht umsonst tun, ich will ihm seinen Lohn zahlen, wenn ich nur zu meinem Geld komme, solang ich noch lebe.«

Tobias ging aus dem Haus und überlegte, wen von seinen Freunden er fragen könnte, ob er ihn begleiten würde, und traf auf der Straße einen feinen jungen Gesellen, den er ein paar Mal schon in seinem Rudel gesehen hatte. Der hatte Reisekleidung an: feste Stiefel, gute Beinkleider, eine Pelerine gegen den Regen und auf dem Kopf eine Filzkappe ohne Krempe, unter der die dichten schwarzen Locken rundum hervorquollen. »He, willst du fort?«, fragte Tobias. »Ja, ich geh nach Medien, in die Stadt Rages. Hab da zu tun.« – »Kennst du den Weg?« – »Und ob! Ich war da öfter.« – »Gehst du allein?« – »Ja.« – »Hast du keine Angst?« – »Nein, wieso? Das ist nicht gefährlich. Notfalls kann ich mich wehren.« Und damit fasste der Bursche lachend den Tobias unter beide Achseln und hob ihn im Nu über den Kopf, als ob er federleicht wäre. Der erschrak, und war ihm doch angenehm, erst recht als der Andere sich mit ihm im Kreis herumdrehte. »Ist gut!«, rief Tobias, »Lass mich runter! Wart hier einen Augenblick! Ich geh mit! Ich frag meinen Vater!« – »Ja, mach!«, sagte der Schwarzgelockte, und Tobias ging zu seinem Vater und sagte, dass er einen getroffen habe, den er begleiten könne. Mit dem wollte der Vater gern sprechen, und Tobias bat ihn herein. Er ging zum Alten hinein und sagte:

»Gott gebe dir Freude!« – »Was für Freude soll ich haben? Blind bin ich und muss im Finstern sitzen! Freude, pah!« – »Geduld, Geduld!«, sagte der Bursche besänftigend, und der Alte fragte: »Willst du meinen Sohn begleiten? Er muss in die Stadt Ekbatana in Medien, und du musst es nicht umsonst tun. Ich gebe dir guten Lohn, wenn ihr zurück seid.« – »Ja, ich führ ihn hin und bring ihn auch wieder zurück«, sagte der Bursche. »Du bist doch Israelit? Sag, wer dein Vater ist?«, fragte der Blinde und fasste ihn tastend bei der Hand. »Sei's zufrieden!«, antwortete der, »Du kannst mir vertrauen. Mein Vater ist Derunder.«

Tobias packte derweilen fröhlich alles in ein Bündel, was er mitnehmen wollte, und wovon der Schwarzlockige die Hälfte als zu schwer und unnötig wieder auspackte, dann verabschiedeten sich die beiden Reisegesellen und brachen auf. Aber die Mutter des Tobias' weinte und sagte zum Alten: »Geizkragen alter! Da schickst du den Trost unseres Alters fort, weiß Gott, ob er zurückkommt! Und warum? Des Geldes wegen! Geld! Geld! Geld! Dann leben wir halt in Armut, was soll's? Aber haben doch unsern Sohn! Mir ist das Reichtum genug!« – »Halt dein giftiges Maul!«, schrie der Alte, »Was mischst du dich überhaupt ein? Er kommt ja wieder. Bring mir lieber was zu essen, ich hab Hunger!« Da ging sie in die Küche, weinte und greinte und warf Pfannen und Töpfe durcheinander, machte aber doch dem Alten sein Essen, das sie ihm kurz angebunden vorsetzte.

Die beiden Gesellen zogen da schon über Land und kamen vorbei an gewaltigen Palästen, die aber eingestürzt waren und in Trümmern dalagen, worüber die Vögel hinflogen und allerlei Viehzeug ging. Und sie kamen eines Abends an den Fluss Tigris. Am jenseitigen schwarzen Ufer sahen sie ferne, rotglühende Feuer, um die sich riesenhafte Gestalten zu lagern schienen. Auch Tiere gingen dort hin und her, langgeschwänzt und mit geraden schuppigen Flügeln. Tobias sah lieber nicht zweimal hinüber. Sein Hund, der ihnen beim Abschied von Haus nachgelaufen war, lief zum Flussufer hinab, wollte Wasser schlappen, und Tobias folgte ihm, um die Füße zu kühlen, da fuhr ein großer Fisch heraus aufgerissenen Maules und auf ihn zu, dass er rückwärts fiel und schrie: »Hilfe, er will mich fressen!« Der Hund duckte sich und wich knurrend zurück, der Geselle aber, damit befasst, ein behelfsmäßiges Nachtlager vorzubereiten, rief: »Fass ihn bei den Flossen! Zieh ihn heraus!« Tobias tat's, ohne nachzudenken, und da lag nun der Fisch am Ufer, schlug um sich mit dem Schwanz und japste nach Wasser. Der Geselle kam herbei und sagte: »Siehst du!«, gab Tobias sein Messer und sagte weiter: »Zerleg ihn; Galle und Herz nimm heraus und behalt sie; die sind gute Arznei; den Fisch braten wir!« Also bereiteten sie den Fisch, brieten und aßen ihn, und der Hund fraß auch davon. Danach legten sie sich eng zusammen, einander umarmend gegen die Kühle, die vom Wasser herzog, und schliefen.

Am andern Tag reisten sie weiter und gingen so fort, bis sie nach Rages nah der Stadt Ekbatana kamen, der Königsstadt Mediens, und Tobias fragte seinen schwarzgelockten Gefährten, wo sie denn wohnen wollten, und der sagte: »Hier wohnt Raguel, ein Mann, den ich gut kenne. Der könnte übrigens, wenn mir recht ist, ein entfernter Verwandter von dir sein. Wir können ihn fragen; auf jeden Fall können wir bei ihm einkehren und wohnen, so lang wie wir wollen. Er hat übrigens eine Tochter, sein einziges Kind; sie heißt Sara und wird dir sehr gefallen. Das wäre eine Braut für dich!« – »Was du da gakelst,

Schwarzlocke! Zum Heiraten bin ich viel zu jung!« – »Haha! Und bist so unschuldig, dass ich mich wundre, warum du mich nachts, wenn du schläfst, so fest in den Arm nimmst und stöhnst.« – »Was tu ich?! Das erfindest du!« – »Ja, kann sein! Manchmal nehm ich auch dich in den Arm, wenn mir kalt ist; ich kann sagen: du bist angenehm. Aber Spaß beiseite, du weißt doch, dass dein Vater nach einer Frau für dich Ausschau hält, einer reichen Frau natürlich. Darunter tut er's nicht, dein Vater. Und hier ist sie! Sara erbt alles: Haus, Land, Vieh, Gold, Silber, Juwelen – alles, was da ist, und das ist, soviel kann ich sagen, nicht wenig! Und: Sie ist schön!« – »Nimm du sie doch, Schwarzlocke, so wie du redest!« – »Besser nicht!« – »Warum denn nicht?« – »Lass nur!« – »Nein, das will ich jetzt wissen, sag's mir!« – »Äh … Kinder zeugen, das kann ich, auch wenn's mir leid tut, keine.« – »Oh! – Aber weiß ich, ob ich das kann?« – »Tobias, jetzt sieh mich an! Glaub mir: ich versteh was von Leib und Leben! Ich hab dich im Arm und in Händen gehabt: Du kriegst Kinder, eins nach dem andern, Buben und Mädchen, und zwar, wenn du nur willst, mit Sara!« – »Du glaubst, dass du alles weißt, weil du mich gern hast, aber weißt du, was sein wird? Das weiß keiner, nicht mal ein Engel könnte das wissen.« – »Hm, du hast Recht. Still, da kommt der Hausherr!« Raguel, der Vater kam ihnen entgegen, hinter ihm seine Tochter. Er erkannte den Schwarzlockigen als früheren Gast, begrüßte ihn freundlich und lud ihn und seinen Begleiter ins Haus. Der verschlang die zierliche Gestalt, die da aufrecht neben ihm ging, mit den Augen: Schwarz war sie, dunkel und schön und – danach schielte er – mit apfelkleinen festen Brüsten. Er spürte einen Stich, als hätte ihn eine Mücke ins Herz gestochen, und das schwelle nun an; es tat aber weh, als er beide, den Freund und die junge Frau, nebeneinander stehen sah. Was für ein Paar!

Ein kleines Gastmahl wurde vorbereitet. Tobias bürstete vor der Kammer, die ihnen zugewiesen worden war, seine Kleider und die des Schwarzgelockten aus, da hörte er unten aus der Küche Krach und Giftgeschrei. Eine Magd, von Sara getadelt, warf Kessel, Schüsseln und Teller auf den Boden und schrie: »Du Hexe! Du schwarze Hexe! Willst du mir auch noch den Hals umdrehen wie deinen sieben Männern?! Dann mach doch! Nur zu!« Darauf Stille. Tobias zog sich in die Kammer zurück. Der Gefährte wusch sich da; sein nasser Leib schimmerte. Nackt wie er war, streckte er die Hände aus und legte sie Tobias auf die Schultern. »Hab keine Angst!«, sagte er, und Tobias fragte: »Was ist das?! Was? Hier haust das Böse!« – »Nein, Tobias, Sara ist keine Hexe, aber sie ist verhext. Du kannst helfen, dass der Fluch hier gelöst wird. Vertrau mir!«

Dann ging er, der Schwarzlockige, zu Raguel, dem Hausherrn, sagte ihm, er solle die Magd sofort aus dem Haus werfen, Sara trösten und Tobias aufmuntern, der, das wisse er, Sara liebgewonnen habe, ja, sie begehre, und nun erschreckt sei und nicht wisse, was er tun, was lassen solle, wohl aber auf seinen Rat hören würde, denn er vertraue ihm. Raguel schrie, der Erdboden solle sich auftun, die Magd verschlingen (die hatte aber das Haus stehenden Fußes verlassen); werde er ihrer habhaft, das Kreuz werde er ihr abschlagen, ging die steile Stiege hinauf zu Saras Kammer, doch die öffnete nicht die Tür. Er hörte sie innen weinen und beten. Stumm ging er davon in den Garten. Dort traf ihn der Schwarzlockige wieder und fragte ihn: »Sieben Freier waren es also? Und alle sieben sind ums Leben gekommen?« – »Ja, alle sieben.« – »Wie?« –

»Vor Saras Tür am Abend der Hochzeit.« – »War sie offen?«
– »Ja, für den Bräutigam war sie offen, doch Sara sagt, keiner
trat ein. Ich fand jeden am andern Morgen tot am Fuß der
Treppe; alle sieben, einen wie den anderen, mit gebrochenem
Genick. – Der Schrecken! Das Geschrei! Die Verdächtigun-
gen! Ihr macht euch keinen Begriff! In der Stadt sind wir ge-
ächtet, und obwohl Sara eine reiche Erbin und – das schwör
ich! – unschuldig ist, ist sie zu einem einsamen, freudlosen
Leben verdammt. Ich weiß nicht, weshalb. Ein böser Dämon
waltet über uns, über ihr und mir, ein Geist der Schädelstätte!
Alles, was gut ist, wünsch ich ihr, aber nichts, nichts kann
ich tun.« – »Du kannst dir selber die Wahrheit gestehen.« –
»Was?! Was redest du da?« – »Raguel, du weißt, du bist in der
Hölle und hältst Sara darin gefangen. Nein! Sieh mich an:
Du weißt es!« – »Ja, ja, ja! Ich bin es auch leid! Aber ich habe
damals die Brautgabe gebraucht ...« – »Das glaube ich nicht!«
– »Ich habe die offene Kammertüre bewacht, den Bräutigam,
als er kam, umarmt, ihm das Genick gebrochen, sieben Mal,
und alle sieben Mal die steile Stiege hinabgeworfen. Sieben
Mal hat Sara hinter der Tür nicht gesehen, aber gehört, was
geschehen ist, und sieben Mal hat sie geschwiegen. Sara ist
sieben Mal mein! Ist mein! Ist unschuldig und vollkommen!
Vollkommen!« – »Lass sie los, Raguel! Du vernichtest sie. Ich
bin nicht blind. Ich sage dir jetzt: Du gibst sie Tobias zum
Weib. Nach Ninive. Dort wird sie's gut haben und frei sein, so
frei sie werden kann. Du bleibst, bleibst hier und findest Ruhe
– vielleicht – vor deinem Dämon, der sie dir nackt vor Augen
stellt!« – »Gott, Gott, das kann ich nicht!« – »Das kannst du!
Ich gehe morgen mit Tobias hinauf nach Ekbatana; ein Geld-
geschäft. Wenn wir zurückkommen, wird Hochzeit sein.« Ra-

guel hielt die Augen niedergeschlagen. Er biss in seine rechte Hand, dass sie blutete.

Am andern Tag brachen die beiden auf. Tobias, als er Abschied nahm, bat Sara, auf seinen Hund Acht zu geben. Das versprach sie mit dem Anflug eines Lächelns und sagte, sie werde warten wie der Hund.

Sieben Mauerringe umgeben Ekbatana, der innere jeweils der höhere; im innersten Ring stehen der Herrscherpalast und das Schatzhaus: alles gewaltige Bauten, mit Ziegelsteinen errichtet. Doch zur Stadtmitte gingen die beiden nicht. Sie meldeten sich beim Schuldner des alten Tobias', Gabael mit Namen, der ungnädig Ausweise, Rollsiegel und Tontafeln zu überprüfen begann, sie dann des Hauses verweisen wollte, da er nicht vorbereitet sei, auch alte Zeugen herbeirufen müsse, wer könne wissen, ob echt sei, was sie da vorwiesen; doch mit wenigen Griffen und unter einer Flut medischer Schimpfwörter und Drohungen ordnete der Schwarzgelockte die Fetzen und Scherben auf dem Tisch, dass sie sich passend zusammenfügten. Krächzend und maulend holte der Alte ein schweres Metallkästchen, schloss es auf: es war voller Goldstücke und Silberbarren; der Schwarzlockige schlug's wieder zu, steckte es in seinen Reisebeutel und verließ, gefolgt von Tobias, der einen Gruß murmelte, das Haus. Sie übernachteten in einer Herberge, doch schoben das Lager, das sie teilten, quer vor die Tür. Am andern Morgen verließen sie die Stadt durch das Löwentor.

Wie der Hund einen Freudentanz aufführte, als Tobias wiederkam! Sara strahlte. Raguel hatte eine bescheidene Feier gerichtet. Die beiden jungen Leute wurden gehörig miteinander vermählt, eine kleine Karawane gebildet, Abschied genommen, der Weg nach Ninive eingeschlagen. Raguel hatte Sara auf die Stirn geküsst, mehr nicht. Tobias strahlte, redete, plauderte tagein, tagaus, bat schließlich im Angesicht der gewaltigen Ninive den Reisekameraden, vorauszueilen, den Vater, die Mutter, die Verwandtschaft in Kenntnis zu setzen, er komme mit seiner Braut und ihrem Brautschatz. Der überbrachte die frohe Botschaft, doch legte als erstes dem alten Tobias Rechenschaft ab über die eingetriebene Schuld. Wie gierig der das Kästchen aufmachte! Wie mühsam er nachrechnete! Betastete gichtig jedes Goldstück, jede Münze, hob sie vor's rote triefende Auge. Fand schließlich alles stimmig und setzte einen, ja, kleinen Anteil beiseite, den er, indem er sich denn bedankte, dem Schwarzlockigen zuschob. Ohne ihn, weiß Gott allein, dem ebenfalls Dank gebühre, was gewesen wäre, und nun komme Tobias mit einem jungen, reichen Weibchen heim, da solle es an einem Fest nicht fehlen. Wenn er doch nur wieder sehen könnte und alles das recht genießen!

Als alle, auch Verwandte und Nachbarn, am Abend des großen Festes beisammensaßen, nahm der Reisegefährte den jungen Tobias beiseite und sagte: »Du hast doch noch die Galle des Fischs?« – »Wohl!« – »Hol sie und bestreich die Augen deines Vaters damit, mag's riechen, wie es will! Das wird ihm helfen.« Tobias tat, wie der Freund ihn hieß, und, siehe da: der alte Tobias, als er sich die grässliche Schmiere schimpfend und scheltend mit Wasser aus den Augen gewaschen hatte, sah Licht, sah Farben, sah alles wieder, jubelte und tanzte in die Stube. Und alle tanzten bis zum anderen Morgen. Aber da war der schwarzgelockte Geselle verschwunden.

Daniel

Nein, man konnte nicht behaupten, dass Daniel gut aus-gesehen hätte mit seinem fliehenden Kinn und den schwarzen Schweinsborsten, die ihm aus der Nase wuchsen. Aber er hatte öfter als nicht gute Laune. Und er war klug. Aus diesem Grund war er zurückhaltend, will sagen: er neigte zu einem gewissen Misstrauen, auch wenn er das nicht am Ärmel trug. Neugierig war er auch, deshalb lief er in Jojakims Gar-ten, dem schönsten und schattigsten in ganz Babylon, als sich dort laute Stimmen erhoben, und alle möglichen Leute liefen ebenfalls hinein. Da schrien die beiden Ältesten, die sich hier oft ergingen und als Richter den Sitzungen des Gerichts in Jojakims Hause vorstanden, Zeter und Mordio über Susanna, die liebliche junge Hausfrau, sie hätten sie auf frischer ehebre-cherischer Tat hier im Garten unter den Bäumen ertappt; der stramme Beischläfer sei ihnen, halber nackig, entkommen, aber hier, sie – und damit rissen sie ihr vor allen den Schleier herunter, dass sie blutrot überlaufen da stand – dies geile jun-ge Weib hier klagten sie an des Ehebruchs, so leid es ihnen um Jojakim tue; sie müsse nach Recht und Gesetz des Todes sterben. – Was für ein Tumult! Die Familie, alles Gesinde, die Knechte und Mägde, riefen, das sei unmöglich, die Zugelau-fenen brüllten: »Steinigt sie!«, und genossen den Aufruhr. Die beiden Alten ergriffen Susanna und sagten: »Was wir gesagt haben, bezeugen wir!« Und das Volk glaubte den zweien Rich-tern und Obersten, und sie verurteilten Susanna zum Tode. Die aber rief: »Sie legen, bei Gott, der auch das Verborgene sieht, falsch Zeugnis ab! Sie lügen! Ich bin unschuldig!« Sie wurde aber gepackt und sollte zur Mauer geführt und gesteinigt werden, da rief Daniel: »Ich will nicht schuld sein an dem Blut, das hier vergossen wird! Ich nicht!« Was das heißen solle, fragten da einige. »Ja, seid ihr denn solche Narren, ihr Söhne Israels, dass ihr sie verurteilt, verdammt und zu Tode bringen wollt, noch bevor ihr genau Bescheid wisst, wie alles gewesen ist? Ich für mein Teil protestiere, ich will keinen Teil daran! Ich will nicht mit schuld sein!« – »He, Schweinskopf! Was ficht dich an? – Stimmt was nicht? – Was willst du damit sagen?« – »Ich meine: eine Sache auf Leben und Tod, muss man die nicht genauestens untersuchen? Auf jeden Fall aber alle befragen und alle Zeugen aufsuchen?« – »Befrag sie!« – »Das tu ich, aber einen nach dem anderen. Bringt den ins Haus! Und du, alter Herr, sagst, da hinten im Garten, wo's schön schattig ist, habt ihr die Turteltäubchen erwischt?« – »Das haben wir, da kannst du ganz sicher sein!« – »Unter was für einem Baum war das denn gleich? Da stehen ja viele.« – »Das war unter der Linde dort; die steht, wo ihrer beider Lust- und Lasterbette war!« – »Ja, du hast Recht, die Linden duften so süß, wenn sie in Babylon blühen. Jetzt geh du nach hinten, und holt mir den anderen Richter Graukopf!« Der kam, und Daniel fragte ihn: »Wo genau war das denn, dass ihr die beiden so mitten im schönsten Spiel ergriffen und auseinander gezerrt habt?« – »Ganz hinten im Garten, in dem abgelegenen schattigen Eck.« – »Ah, unterm Baum?« – »Ja, unter der alten breitästigen, schwarzschattenden Kastanie.« – »Bist du sicher?« – »Ganz sicher. Ich liebe Kastanienbäume und kenne sie gut!« – »Das war also keine Linde, wie dort eine steht?« – »Im Leben nicht! Als ob ich sie nicht auseinanderhalten könnte.« – »Gut! Sehr gut! Dann hast du dein Todesurteil gesprochen und das deines Kumpanen gleich mit. Ihr beide lügt! Und beide sollt ihr des Todes sterben, den ihr Susanna zugedacht habt! So ist das Gesetz!« – »O weiser Richter!« – »Sie haben ... Sie wollten mich ... Ich kann's nicht sagen, ich schäme mich ... Ich habe ›Nein‹ gesagt.« – »O Susanna, mein Liebes! O still!« Und alles Volk stürzte sich ergrimmt auf die lüsternen Greise, packte sie, schleifte sie aus dem Garten und steinigte sie zu Tode nach dem Gesetz.

Daniel aber wurde fortan auf Händen getragen von Jojakim und Susanna, aber auch von allem Volk der Israeliten, die an den schwarzen Wassern Babylons saßen. Sie alle rühmten seine Klugheit über den grünen Klee, denn von da an wusste man, wie Zeugen zu vernehmen seien – bis heute!

Daniel abermals

Lob und Preis von Daniels Klugheit gelangte auch dem König von Babel zu Ohren, der daraufhin oft und immer öfter die verhedderten Knäuel seiner Regierungsgeschäfte mit ihm besprach, die's zu entwirren galt. Kam aber ein Gott oder Götze ins Spiel, war Daniel zu spotten versucht. So auch machte er sich über den Bel lustig, der seinen Haupttempel zu Babel hatte und den Babyloniern auch ein Hauptgott war. Als der König ihn angropste deswegen, sagte er, der Bel sei ein Götze, kein lebendiger Gott, denn das könne einer nur sein. »Was denn?«, sagte der König, »Er verzehrt doch alle die Opfer, die ihm im Tempel dargebracht werden, da muss er doch leben! Gib's zu!« – »Majestät, nichts für ungut! Das weiß ich besser.« – »Beweis es! Beweis es mir, kluger Daniel!« – »Das will und werde ich, Majestät! Wollen wir morgen früh in den Tempel gehen?« – »Das machen wir!«

Daniel eilte zu Jojakim, in dessen Haus er nun wohnte, und fragte ihn, ob er ihm wohl ein Säckchen bräunlichen Staub von den Lehmziegeln besorgen könne, womit in Babel die meisten Häuser erbaut sind. »Nichts leichter als das«, sagte der und ließ im Hof mühelos einen Sack Lehmstaub zusammenfegen. Den nahm Daniel unter sein Gewand und ging zum Abend hin in den Tempel des Bel. Da lagen an den Altären Opfergaben zuhauf: Kalbsschulter und Rinderkeule gebraten, Schafsköpfe gesotten, Hammelhoden geschmort, Schweinsohren und -rüssel in Marinade (denn die Babylonier aßen Schweinefleisch, wenn auch nicht häufig!), dazu Fladenbrote aus rarem Weizenmehl, Striezel und Kuchen, süße Früchte und Obst, rote und weiße Weine in Schalen – dem Gott Bel sollte es, wie jeden sonstigen Tag, an nichts fehlen. Daniel ging von Altar zu Altar, weilte am Hauptaltar länger, den ein Standbild Bels zierte, das ihn kraftvoll und nackig, mit zeugungsfreudigem Glied zeigte, Weiber wie Männer gleichermaßen zu allerhand Lustigem in Gedanken aufreizend. Daniel schüttelte aber seinen Sack voller Staub unterm Gewand nach Kräften überall, dass der Staub durch die Poren der Leinwand rieselte, und ging erst, als der Sack leer, und er selbst ganz staubig war.

Am andern Morgen kamen der König mit seinen Ratgebern und Daniel in den Tempel, und der König schickte alle hinaus, die da Dienst taten; der Tempel war menschenleer, und alle Opfergaben verschwunden. »Du siehst«, sagte der König zu Daniel, »Bel lebt, er hat alles gnädig und mit großem Appetit verzehrt.« – »Ich sehe, Majestät, viele Fußspuren um die Altäre von Männern, Weibern und Kindern. Wessen mögen die sein?« – »Wer hat nachts Zutritt zum Tempel?«, fragte der König den Oberpriester, der erschrocken herbeigeeilt war. »Nur die Priester, sonst keiner. »Oh«, sagte Daniel, »so sind's ihre Spuren und die ihrer Weiber und Kinder hier und an den andern Altären. Sie verzehren die Opfergaben unter dem nackigen Standbild Bels. Der Gott ist Bronze, sonst nichts.« Und klopfte mit dem Knöchel daran, dass es hohl, wenn auch melodisch klang. Der König aber jagte die Priesterschaft zum Tempel hinaus, doch setzte er neue Leute ein, denen er entschiedene Mäßigung vorschrieb. Einen neuen Kult einzuführen, wie Daniel vorschlug, der nicht Bel, sondern Zebaoth gelten würde, erschien ihm doch zu gefährlich. Aber er gab ihm die Verfügungsgewalt über die Hälfte aller Opfergaben an Bel in den vielen Tempeln Babylons. Daniel dankte demütig, dass er die als Tafel für alle Bedürftigen auslegen und verteilen durfte. Ganz Babel rühmte

da seine Weisheit und Güte als Wunder: so hatte bloßer Zie-
gelstaub sich auf wunderbare Weise verwandelt.

Judith

Nebukadnezar, der König von Assyrien, rief seine Fürsten und Hauptleute zu sich, und sie beschlossen einen Feldzug gegen alle Länder im Westen, dass sie und ihr Reichtum Assur untertan würden, und er rief seinen Feldhauptmann Holofernes: »Du sollst kein Reich verschonen und mir all alle festen Städte, klein oder groß, untertan machen.«

Holofernes forderte alle Hauptleute und Obersten des assyrischen Kriegsvolks vor sich, rüstete sie mit Waffen, Pferden, Kamelen, trieb Vorräte ein, dazu Ochsen und Schafe, Korn aus ganz Syrien, und nahm Gold und Geld, Geld und Gold aus des Königs Schatzhäusern und zog aus mit dem Heerzug, dass sie alle Länder bedeckten und kahlfraßen wie die Heuschrecken. Auch Damaskus, die Stadt, zerstörte er und ließ umhauen alle Bäume und Weinberge, und wer ihm widerstrebte, den schlug er mit der Schärfe des Schwerts, und ließ wegführen die Leute in die große Wüste nach Osten, dass sie dort zu Abertausenden schuften mussten und jämmerlich verdarben.

Die Regenten der Länder und Städte, ihre Fürsten und Vornehmen und alles Volk erschraken ringsum, dass sie, wenn er herabzog vom Gebirge gegen sie, ihm entgegenkamen mit Kränzen, Kerzen, Reigen, Pfeifen und Pauken, aber das galt ihm nichts, er zerbrach ihre Reiche und Städte, hieb ihre Haine um, ließ sie tiefe Gruben ausheben und darin abschlachten, dass keiner übrigblieb.

Kunde kam auch ins Land Juda, das in den Bergen liegt, und alles Volk strömte in den Tempel Jahwes in Jerusalem, der Stadt, dazu auch die Priester und Hohepriester, warfen sich nieder, streuten Asche auf ihr Haupt und flehten um Beistand, doch wurden dem Holofernes die steilen Wege und auch die Wasserquellen und Brunnen verraten, die er zuschütten und ableiten ließ. Und lag als erste auf dem Weg nach Jerusalem die Stadt Bethulia, klein, wohlhabend und gut gebaut. Da kamen Weib und Mann, Alt und Jung zu den Ältesten und sagten: »Ist es, bei Gott, nicht besser, dass wir Frieden machen mit den Assyrern und uns ihnen ergeben, als vor ihren Augen verdursten und allesamt umkommen? Und kommen wir doch durch das Schwert um, mag es besser sein, als elend vor Durst zu verschmachten. Ergeben wir uns!« Und Osias, der Vorsteher des Ältestenrats, weinte und sagte: »Ihr Männer! Liebe Brüder! Lasst uns noch fünf Tage ausharren und warten, ob Gott uns vielleicht Gnade erzeigt und so seinen Namen an uns Sündern verherrlicht. Wird uns diese fünf Tage nicht geholfen, wollen wir tun, wie ihr gebeten habt.«

Das hörte auch Judith, eine junge Witwe der Stadt seit dreieinhalb Jahren, die war schön und reich, hatte viel Gesinde, Knechte und Mägde, und besaß viele Höfe voller Ochsen und Schafe. Oben saß sie in ihrem Haus in der Kammer und hörte, Osias habe eingewilligt, die Stadt nach fünf Tagen den Assyrern zu übergeben, wenn nicht geholfen würde binnen der Frist. Das schlug ihr aufs Herz, als hätte einer sie mit der flachen Hand auf die Brust geschlagen, und sie erinnerte sich an Debora, die Prophetin und Richterin, wie sie auszog mit Barak gegen Sisera, den feindlichen Feldhauptmann. Der aber floh von seinem eisernen Wagen zu Fuß, verfolgt von Barak, und kam zum Haus Hebers, der mit ihm im Frieden war, und dessen Weib Jael bat ihn herein. Er war aber sehr müde und durstig und hungrig. Sie gab ihm Milch zu trinken und eine Decke, dass er sich niederlegen konnte, und er sagte ihr, wenn jemand frage nach ihm, solle sie sagen, niemand sei da. Darauf schlief er ein. Jael ging zur Tür der Hütte, nahm einen Nagel und einen Hammer, ging wieder hinein und schlug dem Schlafenden den Nagel durch die Schläfe, dass er bis in die Erde drang, und Sisera tot war. Daran dachte sie, aber es erschien ihr nicht fromm, sondern wie ein Meuchelmord. Abigail fiel ihr ein, die David entgegenritt, als er noch kein König, aber Bandenhauptmann war und verschonte ihren Mann, den aber Gott aufs Herz schlug, dass er starb, und David nahm sie in seinen Harem auf. Holofernes aber, noch jung und stark in seiner Manneskraft, hatte wohl zahllose Weiber. Worauf kam's ihm an? Ihr Mann fiel ihr ein. Sie hatte ihn keine Sekunde lang begehrt, gestand sie sich ein. Er aber hatte sekundenkurze Augenblicke der Raserei und vorzeitigen Entladung, sobald er sie sah und roch und mit der Hand da anfasste – sie wurde nicht schwanger davon. Unwillig sandte sie nach den anderen Ältesten, dass sie kämen, und fragte sie, ob wahr sei, was von Osias gesagt würde. Die bejahten. Da schalt sie: »Wer seid ihr, dass ihr Gott versucht? Wollt ihr ihm Tag und Zeit bestimmen, wann er helfen soll? So nicht! Sondern wachet und betet diese Nacht und lasst mich mit meiner Magd aus dem Tor gehen, forscht dem auch nicht nach, was ich vorhabe. Vielleicht, dass mir der Himmel beisteht!«

Dann ging sie in ihre Kammer, sprach ein Gebet, rief nach ihrer vertrauten Magd, zog ihre Witwenkleider aus, wusch sich und salbte sich mit teuren Duftölen, anwendend was sie kannte, zog Wäsche aus feinstem Linnen an und ihre schönen Kleider, ließ sich die Haare flechten und schmückte sich mit Spangen und Geschmeide, zog all ihren Schmuck an, tat Schuhe an ihre Füße und gab ihrer Magd einen Schlauch voll köstlichem Wein, einen Krug mit Öl und einen Beutel mit Feigenkuchen, Mehl und Brot. So gingen sie zum Tor, und Osias und die Ältesten wunderten sich über ihre Schönheit im Kerzenschein, fragten sie jedoch nicht danach, was sie vorhabe, sondern ließen die beiden Frauen heimlich zum Tor hinaus.

Die gingen früh, fast war's noch Nacht, den Berg hinab, da hielten die Wächter des Feldlagers der Assyrer sie fest und fragten Judith, woher sie komme, und was sie wolle. Sie sagte ihnen, sie wolle nicht untergehen mit der Stadt, sondern zum Fürsten Holofernes und ihm, wenn er ihr Gnade gewähre, verraten, wie er die Stadt einnehmen könne, ohne einen einzigen Mann zu verlieren. Also führten sie sie in das Zelt des Fürsten. Der, als er sie sah in ihrer Schönheit, die reif war und schimmerte wie ein beflaumter Pfirsich, entflammte in Lust gegen sie, wie er tiefer und glühender es noch nie gekannt hatte. Er saß aber unter seinem Baldachin, der durchwirkt war mit Purpur und Gold, geziert mit Smaragden und Edelsteinen, die geraubt waren aus dem Palast zu Damaskus.

Judith bückte sich vor ihm und fiel auf die Knie, und er sah sie sehr lange an. Dann sagte er: »Fürchte dich nicht! Ich tue keinem ein Leid an, der sich dem König Nebukadnezar ergibt, und hätte dein Volk ihn nicht missachtet, hätte ich das Schwert nicht erhoben gegen sie. Weshalb bist du nun aber zu mir gekommen?« Sie vermied es, ihm in die Augen zu sehen, die klar aus schwarzer Tusche und blauer Schminke leuchteten, als wäre Licht darin entzündet. Als sie ihm antwortete, belog sie ihn, um ihn zu täuschen, spürte aber, wie etwas in ihr sich regte; das wies sie weg und sagte: »Gott gebe dem König Nebukadnezar Glück und Heil und auch dir, seinem obersten Fürsten und Feldhauptmann, den er ausgeschickt hat, alle

Ungehorsamen zu strafen. Deine Vernunft und Weisheit wird gerühmt in aller Welt und ist unvergleichbar. Das Volk Israel und seine Stadt Jerusalem, die sich dir widersetzen, leiden Hunger und müssen vor Durst verschmachten, deshalb haben sie vor, ihr Vieh zu schlachten, dass sie sein Blut trinken, und das heilige Opfer zu essen, das ihnen Gott verboten hat. Deshalb werden sie umkommen, und weil ich das weiß, bin ich zu dir geflohen. Mitten durch Jerusalem will ich dich führen, o Holofernes; kein Hund wird dich anbellen dürfen. Jetzt werde ich hinausgehen und abseits des Feldlagers beten, wenn du erlaubst. Sobald ich aber Tag und Stunde weiß, will ich's dir ansagen.«

Holofernes winkte sie huldvoll hinaus, dann rief er seinen Kämmerer Bagoas und befahl ihm, ein Gastmahl für seine Getreuesten auf den Abend zu richten; auch solle er das schöne Weib einladen und sie bereden, dass sie sich nicht weigere zu kommen, sondern die Ehre anzunehmen, sein Gast zu sein. Judith sagte zu ihm: »Wie sollte ich das meinem Herrn versagen? Alles, was ihm lieb ist, will ich von Herzen gern tun mein Leben lang.« Und sie stand auf, salbte und schmückte sich wieder und ging hinein in das Zelt. Da stand sie vor ihm, und sein Herz wallte auf vor Begierde. Er sagte: »Sitz nieder, iss, trink und sei fröhlich, denn du hast Gnade gefunden vor mir.« Das tat sie, und der Fürst Holofernes war fröhlich mit ihr und trank vom starken Wein, der machte ihn lüstern. Als es aber spät wurde, gingen seine Diener und tapferen Streiter trunken in ihre Zelte; der Kämmerer Bagoas führte den Fürsten in seine Kammer, verließ ihn und machte lächelnd die Kammer zu.

Judith war allein bei ihm. Er griff nach ihr und zog sie aufs Lager, doch hatte er mehr getrunken als sonst, sodass sein

Mannesglied nicht erstarkte, und er sich mit ihr in den Kissen wälzte, ihr die Kleidung wegzog, sie küsste auf Mund und Augen und ihren Leib auf und ab, auf und ab mit Händen berührte. Selig war er in seinem Rausch bis er einschlief. Judith, feucht geworden, erhob sich sachte und legte ihr Kleid wieder an, blickte ihn an, wie er behaart und nackt da lag, trat zu der Säule oben am Bett und langte das Schwert, das daran hing, zog's aus der Scheide, flüsterte ein Stoßgebet und hieb ihn zweimal mit aller Macht in den Hals, dass das Blut rot emporsprudelte als wär es der Same des Mannes, der sich verkrampfte im Todeskampf. Sie ergriff mit der anderen Hand die Stirnlocke des Kriegers und zog seinen Kopf nach hinten. Über und über rot besudelt, mit aller Kraft, die sie aufbieten konnte, säbelte sie seinen Hals mit dem Schwert durch, warf die Waffe auf den nackten Leib und schlich aus dem Zelt des Feldherrn, seinen bluttriefenden Kopf in der Hand, mit der anderen ihn in ihrem Halstuch verbergend so gut es ging.

Noch war es dunkel. Sie schlich zu dem kleinen Zelt, das für sie am Rand des Lagers auf des Holofernes Befehl errichtet worden war. Ihre Magd stand zitternd im Schatten, tat ihren Beutel auf, stopfte das blutige abgetrennte Haupt hinein, und beide Weiber eilten, so schnell sie konnten, in der beginnenden Dämmerung fort, den Hang hinauf, den steilen Weg nach Bethulien, durchs Tor und in Judiths Haus. Die zwei Ältesten, die nicht geflohen waren, Osias und noch ein anderer, waren entsetzt, als die Magd Botschaft brachte und sie zu Judith bat. Der blutige Sack lag auf einem kostbar geschmückten Tisch hinter dem gräßlichen Haupt. Judith, gebadet und schwarz gekleidet im Witwengewand, doch kreideweiß, sagte: »Hier habt ihr ihn, Holofernes. Gott hat ihn in eure Hand gegeben. Seht zu!« Dann sanken ihr die Knie; die Magd führte sie fort. Stille herrschte im Haus, Stille in der kleinen Stadt.

Ein Wispern begann in den Gassen. Wer ausgeharrt hatte, raffte so schnell er konnte, seine Bündel, sein bisschen Habe, das wenige magere Vieh und drängte hinaus aus den Mauern, weiter hinauf in die Berge. Wer lauschte, konnte glauben, er höre entfernt Tumult etwa aus der Gegend unten, wo das assyrische Feldlager war. Bagoas kam, als Abend wurde, in Begleitung zweier Offiziere zum Tor. Ein alter einarmiger Krüppel war dageblieben. Ihn fragte der Kämmerer des Fürsten nach der schönen Frau: Judith. Der Alte führte die Assyrer den kurzen Weg zur Ratsstube. Osias, todesmutig, war noch als Einziger da. Wo dies frevelhafte Weib sei? Ob wahr sei, was sie vermuteten an diesem unglaublichen Morgen, diesem schauderhaften Tag? Dass sie den Feldherrn getötet, sein Haupt abgetrennt und hierher gebracht habe? – Dem Gott der Kinder Israel sei der Gewaltige erlegen, erwiderte Osias. Sein Haupt sei nunmehr im Tempel zu Jerusalem. Dort müsse über alles Weitere, über eine Rückgabe der Trophäe, aber auch über einen Abzug des assyrischen Heeres aus dem Land verhandelt werden. So geschah es. Das Haupt des Holofernes wurde zurückgegeben, der Leichnam in mit Honig wieder und wieder getränkten Tüchern eiligst nach Babylon verbracht; das assyrische Heer zog sich im Laufe zweier Monate aus Judäa, Samaria und Syrien über den Euphrat zurück. So war ein Ende.

Judith aber, in Liedern, Reden, Lobpreisungen auf Gassen und in Schulen hoch gerühmt, verließ Zeit ihres Lebens ihr Haus in Bethulien, ihre verdunkelte Kammer darin, nicht mehr.

Der Engel

Wahrscheinlich war er's leid – ganz, ganz unten, weit, weit hinten. Die andern durften singen: Gabriel hatte eine wunderbare Chorfuge erfunden, deren unglaublich hohe Melodiebögen, wenn nicht zu schnell angegangen, wunderbar strahlten und leuchteten, und wie gern hätte er … Nein! Er musste hinab, wieder und wieder, aber Acht geben dabei, denn das blaue Ding drehte sich, und die Bauten wurden rasch kleiner, die Räume, die Kammer: da hatte er diese junge Frau, nein, dies Mädchen gegrüßt. Ja, er hatte gestrahlt, sie aber schimmerte, und er hatte ihr gesagt, sie werde … sie werde … nein, das wiederholte er auch in sich nicht: er hatte es ausgeblendet, aber beim nächsten Mal, da kam ihn die Lust zu tanzen an über dem Hügel, auf dem er Fuß gefasst hatte, und er sprühte in Funken und Farben und ließ seine Flügel groß werden, rauschen, als wogte ein dunkles Lichtmeer hinter ihm, um ihn her, unter ihm, und dann sang er leise, doch lauter werdend, denn Leute kamen gelaufen, hatten Lämmer im Arm, nach denen lustig die Hunde schnappten, und jetzt hörten sie es und schienen es zu verstehen: »Friede«, sang er, »Friede auf Erden, und den Menschen ein Wohlgefallen!« Der Stern, der da oberhalb stand und so hell war, war keiner: es waren drei Sterne, die für dies Nu zusammenstanden, und er freute sich, weil die Leute baff waren. Aber sie drängten alle in diesen Unterstand, wo das greinende Neugeborene lag. Ja, ja, er wusste: jetzt fing die lang vorgefasste Geschichte an, wurde akut und unwiderruflich. Das Ende kannte er schon, und er verblasste in der einsetzenden Dämmerung – der Sonne zu. Aber: kehrt! Er musste dem Mann, der wieder daheim war und schlief, im Traum erscheinen, was ihm mühelos gelang, und ihm sagen, er solle sofort Weib und Kind nehmen, den kleinen Jedidja auf eins seiner Grautiere setzen und aufbrechen nach Süden, für Unterkunft und Proviant sei jeweils unauffällig gesorgt, nur: Rasch! Rasch! Dieser unsägliche kleine Gernegroß-König von römischen Gnaden, äh, Herodes, schicke Häscher aus, die nach wohin?, äh, Bethlehem marschierten und womöglich schon anfingen, dort die Kinder umzubringen. Fort nach Ägyptenland! Fort! Und, nein, die alten Steingräber, die Pyramiden, würden sie entfernt nicht erreichen, wussten gar nichts von ihnen. Kurz hinter der Grenze, an der's glücklicherweise eine Wachstation gab, fanden sie Unterkunft in einer winzigen Hütte, die Josef, der Zimmermann, ausbesserte, wetterfest machte, sodass er gleich Arbeitsaufträge der Nachbarn erhielt, die Nachbarinnen aber von dem niedlichen Kleinen bezaubert waren; Maria musste ständig wehren, dass sie ihn nicht mit Süßigkeiten überfütterten, mit Honig, mit eingelegten Feigen, entkernten Datteln. Und kaum hatte er oben begonnen, sich den cantus firmus anzueignen, musste er wieder hinunter und dem Josef im Traum erscheinen und ihn wissen lassen, dass nun Herodes gestorben sei, und sie zurückkönnten, aber nördlicher ziehen sollten, nach Galiläa in die Stadt Nazareth. Und flog auf und sang und wurde wieder gesandt, ging nieder wie ein blendender Blitz vor der Stadt bei dem Felsengrab und reckte die Hand aus, dass der Fels sich wegwälzte und saß darauf im schneeweißen Kleid, und die klagenden Weiber kamen, denen sagte er: »Er ist nicht hier. Er ist auferstanden.« Fuhr auf und sang. Sang. War selig. Schob den fernen, fern milchigen Nebel, der war wie ein Ahnen vom Kommenden, in sich fort: Nein, er konnte, er wollte nicht die Posaune nehmen und blasen, singen wollte er, singen …

Eutychus

Auf einer hölzernen Bank saß er, saß im Schatten, den das schmale Haus warf, die schmale Wand, sobald die Sonne durch den Zenith gegangen war, die himmlische Höhe. Der Unterhauptmann brachte ihm einen Krug und einen Becher. Im irdenen Krug war Wasser, quellfrisch, ein Rätsel, wo der noch junge Mann das herhatte, aus welchem Brunnen – doch der in der dritten Gasse war tief, reichte tief hinab in die Adern der Erde. Er stellte Krug und Becher auf den schmalen Tisch neben der Bank, und Paulus dankte ihm. Er ging. Und kehrte gleich darauf zurück mit einer Holzschale voller Äpfel, klein, leicht duftend als aus dem Ursprungsgarten, nahm selbst einen, biss hinein, lächelte, ging wieder.

Aber Paulus atmete den Duft und ward versetzt. Ohnmächtig. War, hergekommen aus Philippi, wieder in der schwarzen Stadt Assos, wo er gepredigt hatte, ja, die Frohe Botschaft, begeistert bis nach Mitternacht – da, weil er eingeschlafen war und das Übergewicht bekam, stürzte der schlafende Knabe vom dritten Söller. Lag tot. Paulus, nun im schwarzen Saal, hatte das Brot schon gebrochen, hörte das Klagegeschrei, den Jammer draußen, stand auf vom Tisch, ging hinab auf den Platz, kniete neben den Toten, stützte sich auf die Hände, streckte sich aus über ihm, legte sich auf ihn, atmete seinen Atem, der kaum vorhanden, kaum spürbar von seinem Mund ging und leicht war wie Duft von Äpfeln. – »Er lebt!«, sagte er zu den mit Lichtern um das Paar am Boden Stehenden. Sein Brustkorb hob und senkte sich. Hob sich und senkte sich. »Seine Seele ist in ihm.« Und Hände halfen ihm aufstehn, und er ging hinauf in den Saal und an den Tisch, der gedeckt war, und nahm ein Stück des gebrochenen Brotes, kaute. Es wurde süß.

Mit dieser Süße im Mund kam er zu sich im kleinen Hof, halb verwirrt, griff nach dem Becher und trank, griff nach einem der Äpfel, hielt ihn fest, hielt ihn, bis nach gut einer Stunde der Unterhauptmann kam, um abzuräumen.

Paulus stand auf und ging ins Haus. Die Sonne war untergegangen.

Er schreibt Briefe

Ja, er schrieb Briefe – aber das ging nicht einfach so, wie er's als Bub gelernt hatte: er schrieb meist Griechisch und Latein, verzwickte Gedankengänge, theologische, klar! Die aber für einfache Leute verständlich sein mussten, sie ansprechen mussten, denn sie wurden in den Gemeinden – in Ephesus beispielsweise – laut vorgelesen. Gerade da aber galt Vorsicht, denn: »Groß ist die Diana der Epheser!«, hatte der Goldschmied gebrüllt und im Nu eine prügelnde Meute beisammen gehabt; dabei ging's dem nur um seine silbernen Andenken-Tempelchen, die in zwei, drei langen Baracken am Stadtrand arbeitsteilig von armen verhuschten Weibchen zusammengefriemelt wurden. Ein gutes Geschäft! Als ob es ihm je ums Geschäft gegangen wäre, ums Geld …! Er hatte ja fast ein Jahr lang gar nicht gemerkt, dass es dem Gouverneur Felix, der ihn immer wieder vorlud, um mit ihm, wie er sagte, sein interessantes Anliegen zu debattieren, nur darum ging, ihm die Gelegenheit zur Bestechung zu geben. Und hätte ihn der sehr zurückhaltende, aufrichtige Unterhauptmann, bei dem er wohnte, nicht eines Tages halb scherzhaft darauf aufmerksam gemacht, hätt' er's auch dann noch nicht wahrgenommen: Geld! – Geld-Geld-Geld! Das konnte es doch nicht sein, was die Welt regierte, und das erklärte sie nicht! Seine winzige weißgetünchte Stube ging auf den kleinen Hof hinaus, wo die großen Tontöpfe mit den Kräutern standen: Thymian, Kümmel, Minze …! Winziges Getier …! Gottes Schöpfung überquellend im Kleinen … Er atmete ein und aus, die Hände mit knotigen Fingern in den Schoß gelegt, oben die Tiefe des Himmels beinahe schwarz … Wenn er die kleine Kupfermünze hier zwischen die Stengel drückte, würde sie austreiben, blühen, Samen tragen und sich vermehren? Zu Silber werden und Gold? Zu eisernen Broten wie Schwerter? Zu quecksilbernem giftigem Wein? Die Fingergelenke, schon knotig, schmerzten ihn, und er rieb sie sachte – ohne den Balsam in der Dose aus Horn, die drin in der Kammer lag. Lydia hatte sie ihm gegeben. Und sie hatte, als sie's vernahm, daran geglaubt, dass mit dem Tod nicht alles zu Ende ging, dass wie ein Samenkorn die Seele aufblühen würde und Frucht tragen dem, der lebendig war und blieb und in Ewigkeit gnädig.

Die Augen fielen ihm sachte zu, das Kinn sank ihm auf die Brust. Paulus schlief ein. Drinnen war die Tinte längstens getrocknet.

Berenike, schöne Königin

Zwei Jahre beherbergte ihn, Paulus, der Unterhauptmann, da wurde Felix, der Prokurator, zurückgerufen nach Rom, gedachte aber, den Vornehmen in Jerusalem einen Gefallen zu tun, denn die hatten ihm, wie Paulus nicht getan, reiche Geschenke gemacht, und er ließ ihn zurück im Gewahrsam als Portius Festus kam, der neue Landpfleger, der über drei Tage hinaufzog von Cäsarea nach Jerusalem und hörte die Anliegen und Beschwerden alle der Hohepriester und Vornehmen der Juden, zuletzt auch, dass er ihnen diesen Paulus überstellen solle, damit sie der Gotteslästerung und Schändung des Tempels halber über ihn zu Gericht säßen und ihn zum Tode verdammten, hatten jedoch ihre Spione und Sbirren seit langem am Weg aufgestellt, dass sie ihn umbrächten unterwegs, denn über Leben und Tod entscheiden, das durften sie nicht ohne die Römer, wollten aber den Paulus ganz gewiss tot sehen. Portius Festus sagte ihnen, der sei seines Wissens im Gewahrsam in Cäsarea, wohin er selbst ehestens zurückkehre, auch öffentlich Sitzung halte, dort könnten sie den Mann verklagen, so sie etwas wider ihn hätten, und über zwölf Tage zog Festus wieder hinab nach Cäsarea und hielt Gerichtstag wie weiland Pontius Pilatus. Die Juden aber waren von Jerusalem herabgekommen und verklagten den Paulus mit vielen und schweren Klagen, da ließ Festus ihn vor seinen Richtstuhl holen. Er antwortete und sagte: »Ich habe mich nicht an der Juden Gesetz, noch am Tempel zu Jerusalem, noch am Kaiser in Rom versündigt.« Festus wollte aber den Vornehmen aus Jerusalem gefällig sein und fragte den Paulus: »Willst du hinauf nach Jerusalem und dich dort über diese Anklagen richten lassen?« Und Paulus antwortete: »Ich habe, wie du aufs Beste weißt, Portius Festus, den Juden weder ein Unrecht noch ein Leid getan; hätte ich's, würde ich mich nicht weigern, die Todesstrafe anzunehmen und zu sterben. Aber dem sei, wie ihm wolle, niemand kann mich ihnen übergeben, noch können sie über mich richten, denn ich berufe mich als ein Bürger Roms auf den Kaiser. Nur ein kaiserliches Gericht in Rom kann mich richten!« Und Festus antwortete: »Auf den Kaiser hast du dich berufen, zum Kaiser sollst du ziehen. Ich aber,« sagte er zu den Juden gewendet, »wasche meine Hände in Unschuld!« Murrend zogen sie wieder hinauf nach Hierosolyma, das ist: Jerusalem, und Paulus wurde zurückgeführt in die Wohnung des Unterhauptmanns, der hieß Julius. Dort setzte er sich an den Tisch aus Holz und schrieb, schrieb Briefe, wie er seit zwei Jahren gewohnt war. Und nun einen an die Christen in Rom, die er alle nicht kannte, denn er war nie in Rom gewesen, desto mühsamer, desto wichtiger auch dieser Brief, eine Sendbotschaft, die ihn ankündigen sollte, ihn, den Wortgewaltigen, der kein Jünger war und doch ein Apostel; kraft seines Willens war er berufen, egal, was Petrus davon halten mochte.

Wenige Tage später kamen der König Herodes Agrippa mit Berenike, seiner schönen Schwester, beide aufgewachsen und erzogen in Rom, und etwelche Lästerzungen zischelten, es verbinde sie mehr als Geschwisterliebe. Doch hin oder her, sie kamen nach Cäsarea, um den Portius Festus in seinem Amt zu begrüßen, denn er vergegenwärtigte Rom, was für beide die zweite, die wichtige Heimat war. Berenike gehörte der Gens Julia an, dem Geschlecht der Cäsaren, deren letzter, Nero, amtierte. Und nun ging es festlich zu viele Tage lang. Sie waren jedoch auch jüdisch, Urenkel von Herodes dem Großen, und kannten das mosaische Gesetz – wenn nicht die aberhundert Speisevorschriften, dass du das Zicklein nicht in der Milch seiner Mutter sieden sollst, so doch die zehn Gebote, und Festus legte dem König und Berenike den Handel von Paulus vor und sagte: »Es ist ein Mann von Felix hinterlassen, ein Gefangener, dessetwegen sind die Hohenpriester und die Ältesten der Juden vor mir erschienen, als ich in Jerusalem war – Ihr als deren König und Königin kennt sie alle und habt den herrschaftlichen Sitz in der Stadt – und sie haben tatsächlich verlangt, ich solle den Paulus, so heißt er, hinrichten lassen. Denen hab ich zur Antwort gegeben, was sie eh wussten, die Schlaumeier, so sei's nicht geordnet in Rom und bei den Römern, dass man einen Menschen zum Tod verurteile und hinrichten lasse, bevor nicht der Verklagte den Klägern gegenüberstehe, ihre Anklage höre und sich verantworten könne. Und als ich meinen ersten Gerichtstag hier in Cäsarea hielt, kamen sie vor mich mit ihren Klagen, und ich ließ den Mann vor meinen Stuhl bringen. Da waren aber keine anderen Ursachen zu hören als nur von ihrem Aberglauben, hauptsächlich jedoch von einem gewissen Jesus, der hingerichtet worden sei, von dem aber wiederum dieser Paulus sagt, dass er lebe. Also davon verstehe ich nichts, weshalb ich ihn fragte, ob er sich in Jerusalem dem jüdischen Gericht stellen wolle. Aber er berief sich darauf, dass er römischer Bürger sei und einzig das kaiserliche Gericht in Rom als für ihn zuständig anerkenne. Nun, da schickte ich ihn zurück in Gewahrsam und die Juden hinauf nach Jerusalem, aber worum es geht, weiß ich immer noch nicht.«

»Haben wir nicht, Schwesterherz«, sagte Agrippa zu Berenike, »schon von diesem Jesus läuten hören? Vielleicht weiß dieser Mensch mehr?« – »Ja, er soll reden«, sagte Berenike. »Festus, mein Lieber, wir würden ihn gerne hören.« – »Morgen schon!«, sagte Festus. Und anderntags kamen Agrippa und Berenike mit ihrem Gefolge und gingen mit den Hauptleuten und den vornehmsten Männern der Stadt ins Richthaus, und Festus ließ Paulus herbringen, der stand neben dem Unterhauptmann, einem noch jungen, sehr ansehnlichen Mann, dem Berenike, die schöne Königin, zulächelte, da stand er aufrechter.

»König Agrippa, Königin Berenike, alle ihr hier gegenwärtigen vornehmen Männer – da seht ihr den, um dessentwillen mich die Menge der Juden angegangen hat zu Jerusalem und auch hier, und haben geschrien, er solle nicht länger leben. Aber er sagt, er habe nichts getan, was des Todes würdig sei, und hat sich auf den Kaiser berufen. Also werd ich ihn nach Rom senden. Doch wessen soll er angeklagt werden? Worum geht es? Was schreibe ich dem kaiserlichen Gericht? Wie kann ich einen Gefangenen schicken und keine Ursache wider ihn nennen?«

Der König Agrippa sagte darauf zu Paulus: »Nun, hörst du? Rede in deiner Sache!« Und Paulus reckte die Hand aus und stand folgendermaßen Rede: »König Agrippa, Berenike, schöne Königin, verehrter Prokurator! Sehr lieb ist es mir, dass ich vor Euch zu all dem Stellung nehmen soll, dessen ich von den Juden beschuldigt werde. Wollt mich, bitte ich, mit Geduld anhören! Zwar alle Juden kennen mein Leben, wie ich es von Jugend auf in Jerusalem zugebracht habe, wenn sie es denn bezeugen wollten, denn ich bin ein Pharisäer gewesen, das ist die strengste Sekte unseres Gottesdiensts. Aber nun werde ich angeklagt wegen der Hoffnung auf die Verheißung, die Gott, der Herr, unseren Vätern getan hat, und auf welche hoffen die zwölf Geschlechter der Unsrigen mit eifrigem Gottesdienst Tag und Nacht, dass sie wahr werde. Und dieser Verheißung halber werde ich angeklagt von den Juden, o König Agrippa. Aber warum, Herr König, wird das für unglaublich bei euch geachtet, dass Gott Tote auferweckt?

Ja, es ist wahr, auch ich meinte bei mir selbst, ich müsste zuwider tun dem Namen Jesu von Nazareth, was ich nur könnte, und hab es denn auch getan zu Jerusalem und habe viele, die an ihn glaubten, ins Gefängnis verschlossen, wozu mich die Hohenpriester ermächtigt hatten, und wenn sie erwürgt wurden, half ich das Urteil sprechen. Und durch alle Synagogen habe ich sie gepeinigt und auch oft gezwungen zu lästern und habe sie auch verfolgt bis in die fremden Städte. Als ich aber nach Damaskus reiste mit Macht und Befehl von den Hohenpriestern, da, o König, sah ich mitten am Tag auf dem Weg ein Licht vom Himmel, heller denn tausend Sonnen, das mich und meine Begleiter umleuchtete. Wir fielen alle zu Boden, aber ich hörte eine Stimme, die sprach zu mir auf Hebräisch, nicht Aramäisch, sodass nur ich sie verstehen konnte: ›Saul, Saul, was verfolgst du mich? Dir wird schwer sein, wider den Stachel zu löcken.‹ Ich aber sprach: Herr, wer bist du? Er sprach: ›Ich bin Jesus, den du verfolgst; aber steh auf und tritt auf deine Füße. Denn dazu bin ich dir erschienen, dass ich dich ordne zum Diener und Zeugen dessen, das du gesehen hast und das ich dir noch will erscheinen lassen; und will dich erretten von dem Volk und von den Heiden, unter welche ich dich jetzt sende, dass du ihre Augen auftust und sie sich bekehren von der Finsternis zum Licht und von der Gewalt des Satans zu Gott, auf dass sie Vergebung der Sünden empfangen und das Erbe erlangen samt denen, die geheiligt werden durch den Glauben an mich.‹

Daher, o König Agrippa, war ich nicht ungläubig der himmlischen Erscheinung, sondern verkündigte zuerst denen in Damaskus, dann in Jerusalem und in allen Gegenden Judäas und auch den Heiden, dass sie Buße täten und sich bekehrten zu Gott und täten rechtschaffene Werke der Buße. Deshalb haben mich die Juden im Tempel festgenommen und versucht, mich zu töten. Aber durch Gottes Hilfe ist es mir gelungen und stehe ich bis heute aufrecht und zeuge vor Klein und Groß und sage, was die Propheten und Mose gesagt haben, dass nämlich, wahrhaftig, der Heiland sollte leiden und sollte der erste sein aus der Auferstehung von den Toten und verkündigen ein Licht dem Volk und den Heiden.«

Und er schwieg. Festus aber sagte: »Paulus, du rasest! Die große Kunst macht dich rasend«. Meinend, die Rednergabe und -kunst reiße Paulus hin. Der aber erwiderte: »Mein teurer Festus, ich rase nicht, ich rede wahr. Auch der König, zu dem ich freudig rede, weiß das wohl, denn das, wovon ich spreche, ist ja nicht im Winkel passiert. Glaubst du, König Agrippa, und du, schöne Königin Berenike, den Propheten? Ich weiß, dass ihr glaubt!« Und Agrippa sagte: »Nicht viel fehlt, und du überredest mich, dass ich ein Gläubiger deiner Botschaft würde.« Und stand auf, auch Berenike, die schöne Königin, auch Festus, der Prokurator, und alle, die da saßen, standen auf und gingen beiseite und redeten miteinander, und es war einhellige Meinung: ›Dieser Mensch hat nichts getan, was des Todes oder der Bande wert wäre, und hätte losgegeben werden können, hätte er sich nicht auf den Kaiser berufen.‹ Noch immer aber wusste Festus nicht, welche Anklage gegen Paulus er dem Gericht in Rom anzeigen sollte.

Agrippa indes und Berenike, König und schöne Königin von Judäa, Bruder und Schwester, gingen hinauf nach Jerusalem in ihr Schloss und erlebten, wie Florus, der Prokurator, der dem Festus nachfolgte, aus dem Tempel in Jerusalem Silber zuhauf stehlen ließ, die adligen Juden und Priester aber, die protestierten, auspeitschen und kreuzigen ließ. Mehrfach sandten König und Königin Botschaft an ihn, Mäßigung anmahnend; ihm war das egal. Doch so begann der Abfall der Provinz Judäa von Rom mit seiner Hauptstadt Jerusalem, wie ihn in allen entsetzlichen Einzelheiten Flavius Josephus, der Kämpfer von Jotapata, in seinem Werk »Der Judäische Krieg« schildert. König Agrippa aber hielt eine Rede vor dem Palast der Hasmonäer, und neben ihm stand Königin Berenike, dass jedermann sie sehen konnte und sah, dass seine Rede auch ihre Rede war, und die endete damit, dass beide in Tränen ausbrachen und weinten. So aber bewirkten sie, dass zunächst doch der Krieg noch vermieden wurde.

Aber kein halbes Jahr verging, und die aufrührerischen Sikarier steckten das Haus des Hohenpriesters Ananias und die Paläste Agrippas und Berenikes in Brand. Florus aber ließ, als die römischen Soldaten unter Eidbruch in Jerusalem niedergemetzelt wurden, in Cäsarea die Judäer abschlachten, und entkam einer, der wurde als Sklave verkauft. Judäa, die Provinz Roms, war abgefallen von Rom. Der General Flavius Vespasianus wurde mit mehreren Legionen entsandt, sie zurückzuzwingen in die römische Botmäßigkeit. Sein Sohn Titus begleitete ihn, war Geliebter der Königin Berenike. Und Titus mit seinen Legionen gelang nach härtesten Kämpfen, worin auch sein Leben mehr als einmal bedroht war, die Eroberung Jerusalems. Die kam aber seiner völligen Zerstörung gleich, einschließlich des von Serubabel nach der Rückkehr aus der babylonischen Gefangenschaft nach Salomons Maßen errichteten Tempels. Flavius Vespasianus indes wurde Kaiser in Rom, nach ihm aber sein Sohn Titus, gerühmt ob seiner Milde, und Berenike, die schöne Königin, verließ ihn und Rom, die Hauptstadt der Welt: »Adieu, Seigneur, régnez: je ne vous verrai plus.«

Der Gefangene

Ja, Festus, der Landpfleger, wollte diesen Gefangenen endlich los sein, und zwar lieber heute als morgen, ließ den Unterhauptmann Julius kommen und besprach die Sache mit ihm. Dieser Paulus, den Julius seit beinah zwei Jahren in seinem Haus beherbergte, der Brief über Brief schrieb und offenbar, wenn's drauf ankam, diesem geschwänzten phönizischen Baal-Se-Bub ein Ohr abschwatzen konnte, musste nach Rom gebracht werden, wo er vors kaiserliche Gericht sollte. Er selbst hatte sich darauf berufen. Zwar im Augenblick ging kein römisches Schiff aus Cäsarea, aber Julius war weltläufig genug, er konnte doch eine Passage organisieren, oder? Ja, Eile wäre geboten, denn der Sommer neigte sich zum Ende. Bevor er aufbreche, solle er sich noch einmal melden und bis dahin überlegen, was an Geldmitteln er brauche. Übrigens solle es sein Schade nicht sein, auch die Heeresleitung, soviel könne er sagen, sei hochzufrieden mit ihm. Julius salutierte. Anschließend ging er hinunter zum Hafen und redete mit ein paar Leuten, die er kannte. Dann aber, als der Wind kühl vom Karmel herunter aufs Meer anfing zu wehen, ging er in die andere Gasse, die zu Sulamith führte, klopfte an ihre Tür, die aufging und ihn grüßte mit dem Duft von Kalmus und Zimt. Ihre schwarzen Locken wand er sich um die Finger, sie aber genoss wieder und wieder seine Stärke, als wär's ein Dutzend Nüsse voll süßer Kerne. Anderntags aber sprach er mit Paulus.

Den Abend kam Lukas zu ihm in die Stube, der Arzt, der wie ein Leibdiener war des Paulus', doch voll Achtung, ja, Ehrerbietung, und fragte, ob er, wenn er den nach Rom schaffe, ihn begleiten dürfe? Er würde ihm nicht zur Last fallen, auch aufkommen für alle Kosten. Julius, der beeindruckt war von dieser beider offenbarem Zusammengehören, bejahte und nannte ihm Schiff und Tag der Abfahrt.

Sie erschienen auch beide pünktlich am Kai. Paulus streng gekleidet als Pharisäer, der er war, mit unbeschnittenem Bart und Haar, gesalbt gleichwohl und geordnet, und in einen unförmigen Mantel gehüllt, gleichsam ein Zelt gegen jede Witterung, von ihm selber gefertigt; und Lukas, das noch junge, freundliche Gesicht frisch gepflegt, mit einem sorgsam gepackten Bündel auf der Schulter, unter dem Arm aber einen kleinen hölzernen Kasten, der, hätte man ihn geöffnet, Schreibzeug mit Federn, Reibstein und Farbblock und flachen Papyrusblättern preisgegeben hätte. Die andern Gefangenen lagen in Ketten schon unter Deck. Das Schiff legte ab mit gutem Wind aus Süd und legte an in Sidon anderntags, wo sie Aufenthalt nahmen, und Paulus und Lukas von guten Freunden empfangen und gepflegt wurden, was Julius freundlich gewährte.

Dann aber, wieder eingeschifft, weiter nach Norden stand ihnen der Boreas entgegen, sodass sie unter Zypern hinsegelten, dann aber kreuzten durchs offene Meer, die Küsten von Kilikien und Pamphylien im Osten liegen lassend, und gelangten sicher nach Myra in Lykien, sprich: in dessen Hafen Andriake. In diesem großräumigen, bequemen und belebten Hafen brauchte Julius nicht lange, bis er ein bauchiges ägyptisches Lastschiff, das nach Italien wollte, gefunden hatte. Er verhandelte mit dem Kapitän, der ganz froh war, dass er, was an Platz im Schiff noch frei war, belegen konnte – mit menschlicher Last. Die Gefangenen wurden umgeladen und Kurs auf Kreta genommen. Mit Glück kamen sie am Kap Salmone, dem Felseneiland im Nordosten der Insel, vorbei, danach im Süden der Insel auf die Höhe von Phoinix, doch überwintern auf Kreta schien äußerst untunlich, erst recht bei der vorgelagerten kleinen Insel Klauda, auf der zwischen Stein und Fels nichts wuchs als großfruchtiger Wacholder, Juniperus sabinus. Da aber war die Gefahr einer Untiefe, sodass die Segel heruntergelassen und also gefahren wurde, aber in großem Ungewitter, sodass die Matrosen anderntags Lasten über Bord warfen, am Tag darauf aber alle Gerätschaft im Schiff. Doch während der Weiterfahrt erschien weder Sonne noch Gestirn, so war alle Hoffnung des Lebens dahin.

Paulus liebte das Meer nicht. Er kauerte, in seinen Mantel als in ein Zelt gehüllt, hinten am Aufbau, bewacht nicht von Julius, sondern von Lukas behütet, der ihn mit Wasser und Zwieback versorgte. Jetzt aber erhob er sich, schüttelte sich zurecht, dass man sein Antlitz sah, und trat unter die Leute, laut rufend: »Ihr Männer, he, seid unverzagt! Keiner wird sein Leben verlieren, das weiß ich. Der Engel des Gottes, dem ich diene und an den ich glaube, der ist mir diese stürmische Nacht erschienen und hat gesagt: ›Fürchte dich nicht! Gott hat dir geschenkt alle, die mit dir im Schiff sind.‹ Und so wird es geschehen, das glaube ich. Ihr dürft es auch glauben. Wiederum also: Seid unverzagt! Wir müssen aber eine Insel anlaufen!«

Die vierzehnte Nacht kam, und etwa um Mitternacht mutmaßten die Schiffsleute, sie kämen in Landnähe und warfen das Lot und fanden zwanzig Klafter Tiefe und warfen es wieder und fanden fünfzehn Klafter. Da fürchteten sie, hart aufzulaufen, gar auf ein Felsriff, und warfen hinten vom Schiff vier Anker, hoffend, es würde bald Tag. Und sie wollten den Kahn zu Wasser lassen und behaupteten, die Anker vorn aus dem Schiff lassen zu wollen. Aber Paulus, der das wahrnahm, warnte Julius und die Kriegsknechte: »Wenn die nicht im Schiff bleiben, bleiben wir nicht am Leben!« Da hieben die Kriegsknechte die Taue des Kahns durch und ließen ihn fallen.

Als hell wurde, rief Paulus laut allen zu, sie sollten essen, um sich zu stärken, nahm ein Brot, dankte Gott, brach's und fing an zu essen. Da aßen auch die andern, und ihr Mut hob sich. Im Schiff aber waren zweihundertsechsundsiebzig Seelen, und als sie satt waren, schaufelten sie die Ladung Getreide ins Meer, um das Schiff zu erleichtern.

Nun war Tag, und sie sahen Land, aber kannten es nicht, nahmen aber eine Anfurt wahr, die ein Ufer hatte, dahin wollten sie das Schiff treiben lassen und hieben die Anker ab, lösten die Bande der Steuerruder und richteten die Segel nach dem Wind, dass der's an Land triebe. Da aber stieß es an, wiewohl links und rechts Wasser war, und das Vorderteil blieb feststehen, unbeweglich, das Hinterteil aber zerbrach von der Gewalt der Wellen.

Jetzt hielten die Kriegsleute Rat und beschlossen, die Gefangenen zu töten, dass nicht einer ins Wasser spränge und schwimmend das Land erreiche und so freikäme. Aber Julius wehrte ihnen: er wollte Paulus, wie es sein Auftrag war, lebend nach Rom bringen und hieß die, die schwimmen konnten, an Land schwimmen, die andern aber auf Brettern oder was sonst das Schiff hergab ans Ufer paddeln und sich so zu retten. Lukas griff einen flachen Zuber, lud Paulus hinein, und beide gelangten an Land. Es war aber die Insel Melite, Malta vorgelagert, die sie erreichten. Alle waren gerettet.

Die Leute der Insel waren freundlich und hilfsbereit. Sie zündeten Feuer an um der Kälte willen und wegen des Regens. Und Paulus raffte Reiser zusammen, da fuhr eine Schlange hervor und ihm an die Hand. Da war, verdeckt, ein Eingang hinab in die Tiefe, schmal und gewunden, zu einem uralten Heiligtum, aus dem lebenden Fels gehauen und mit einem Altar, auf dem war eine Schlange abgebildet. Die Leute wussten davon nichts, sahen aber die Schlange an seiner Hand und flüsterten: Der muss ein Mörder sein! Paulus aber schlenkerte sie ins Feuer. Doch sie warteten darauf, dass seine Hand anschwellen würde, der Arm sich verfärben, er todeskrank umfallen würde: das geschah nicht, da hielten sie ihn ehrfürchtig für einen Gott.

Der Oberste der Insel mit Namen Publius hatte ein Vorwerk hier, war zum Strand gekommen und nahm den Julius, Paulus und Lukas freundlich auf drei Tage lang. Sein Vater lag aber krank mit Fieber und Ruhr. Lukas sprach stockend, doch freundlich mit zwei Weibern in der Küche, worin Tag und Nacht ein Feuer prasselte, auch Wasser siedete, ließ sich einen Becher füllen und streute Salz hinein, einen anderen, in den er Honig tat. Abgekühlt trug er sie ans Bett des Kranken und flößte sie ihm in Abständen ein. Auch Paulus wollte ihn sehen. Lukas bat ihn, die Hände zu waschen, die kühl wurden, und er legte sie ihm auf, ein Gebet sprechend, doch auf Hebräisch.

Wie ein Zauberspruch klang's dem Kranken, der dann endlich einschlief, am dritten Tag aber genas. Das machte die Runde, und die Inselleute kamen mit ihren Gebresten. Viele klagten und fragten, und Lukas gab Rat. Paulus aber betete laut für sie, und was er und Lukas benötigte, da sie alles im Schiffbruch verloren hatten, das brachten sie ihnen aus ihrem Eigenen.

Drei Monate lang lebten sie auf der Insel, dann war es, als der Winter vorbei war, Julius gelungen, eine Überfahrt nach Syrakus zu verabreden, von da gelangten sie nach Rhegion, dann nach Puteoli, wohin der Südwind sie in der Frist eines Tages brachte, und schließlich kamen sie an in Rom. Julius übergab die Gefangenen dem Hauptmann der kaiserlichen Gerichtsbehörden und nahm Abschied von ihnen. Strahlend umarmte er Lukas, hob ihn empor und drehte sich mit ihm im Kreis, und Lukas dankte ihm von Herzen; Paulus aber segnete ihn.

Paulus erhielt die Erlaubnis, in Rom, wo er wollte, zu bleiben, doch in der Hut eines Kriegsknechts. Lukas dingte Räume für sie. Er richtete sich eine Schreibstube ein, worin er mit großer Sorgfalt begann, seine Erinnerungen aufzunotieren, und so den Grund legte für seine beiden Bücher, die, Vergil übertreffend, wie große Gesänge sind, aller Zeit trotzend.

Paulus erholte sich nur langsam und schwer; Gedanken an manch drückende Erlebnisse, an zu rasche Worte, schnelle Urteile wollte er von sich weisen. Er ließ aber Lukas die Vornehmsten der Juden in die Herberge bitten und sagte: »Ihr Männer, lieben Brüder! Ich habe nichts getan wider unser Volk noch wider väterliche Sitten, und bin doch gefangen aus Jerusalem übergeben in der Römer Hände, will aber euch sehen und sprechen, denn um der Hoffnung Israels willen bin ich mit dieser Kette umgeben.« Damit verwies er auf den blonden und hünenhaften Kriegsknecht, der an der Tür stand wie schlafend, denn er verstand ihr Reden nicht. Paulus aber sagte, er wolle reden vom Reich Gottes. Einen Tag dafür sollten sie benennen. Das taten sie, und Paulus predigte mit aller Freudigkeit, die er wiedergewonnen hatte, unverboten in Rom, mahnte sie auch, der Obrigkeit zu gehorchen, so sie gerecht sei.

Aber wann? Wann ist sie das schon? Gerechtigkeit ist nur im Himmel, wohin wir nicht reichen. Vielleicht, dass ein Fenster aufgeht ...

Nachwort

Die biblischen Bücher, anfangend mit den fünf Büchern Mosis, dem Pentateuch, sind, grob gesprochen, auf einer Zeitschiene angeordnet, die allerdings nicht gleichmäßig verläuft. »Am Anfang schuf Gott Himmel und Erde …«, heißt es. Uns sagt die Wissenschaft, dass das keineswegs der Anfang war, aber: dies ist gesetzt, und dieser Gott ist einsam und allmächtig – keineswegs wie in Überlieferungen benachbarter Völker und Kulturen im Zweistromland, trotz mancher Übereinstimmungen und Abhängigkeiten etwa von den Sumerern. Am klarsten zeigt das die Sintflut-Sage. Dort sind mehrere Götter am Werk, und Utnapishtim steht im Mittelpunkt; an ihn ergeht die Warnung; er baut das Haus- und Stallboot; den Erzvater Noah, der Wein und seine Töchter liebt, gibt es nicht.

Doch hier gehen die Erzähler deftig und handfest ans Werk, und ihre Gestalten mögen riesige Umrisse zeigen, sie bleiben menschlich. Selbst der allmächtige Gott, angeblicher Herr der Geschichte, bleibt es: eifersüchtig, zornig, parteiisch, willkürlich in Liebe und Hass, unberechenbar aus Sicht der Menschen, bis er selbst ein sichtbares Zeichen setzt: »solange die Welt besteht«, die er aber, wie er sie geschaffen, auch zerstören und unter die Hufe seiner Rosse treten kann, die inzwischen zu riesigen Maschinen, Bomben, heller als tausend Sonnen, und winzigen Viren mutieren können.

Keinen dieser vielen Erzähler kennen wir mit Namen. Es gibt keinen Homer, keinen Vergil, keinen Wolfram, Rabelais, Tolstoi oder Faulkner, nur eine lange Reihe von Schreibern, eine dem Heiligtum, auch dem Herrscherhof beigeordnete Gilde von Protokollanten, Dichtern, Erfindern, Wächtern, die wieder und wieder abgeschrieben, verbessert, weitergesungen, weitergedacht, weiter erfunden und modelliert haben: ihren Gott, ihre Priester, Könige, Richter und Propheten – ein Mannsvolk in der Hauptsache bis auf wenige Ausnahmen, die gewaltigste: Eva. Sie erfindet und gebiert im Fall: die Geschichte, trägt sie, erträgt sie. Adam hat nichts zu sagen. Vor ihr und allen Evastöchtern versagen die Dichter, weil Männer und Männern dienend, weitestgehend jedenfalls, denn es ist in der Hauptsache eine Männergesellschaft – bis heute.

Ihr wohl bedeutendster Vormann: Moses, Gottes vertrauter Gesprächspartner, auch er großartig erfunden, denn das Volk, das er angeblich anführte beim Auszug aus Ägyptenland und Durchgang durchs Rote Meer, war nur Gewusel, das nie in Ägypten gewesen war, sondern sich zusammenfand aus ägyptischen Grenz- und ägyptisch dominierten Durchzugsgebieten am östlichen Mittelmeer bis hinauf nördlich nach Syrien. Doch genötigt im Lauf der Jahrhunderte zu welcher Strenge: mehr als siebenhundert Vorschriften das Essen, die Hygiene, Textilien, Sklavenhaltung, den Umgang mit Geld, Geschlecht und Gesetz, Sklaven und Tieren betreffend – bis ins Detail!

In diesem Strom der Überlieferung nach Geschehnissen und Gestalten zu greifen, sie einen Augenblick festzuhalten und genauer zu betrachten als neugieriger Menschenfischer, und zu entdecken: Oh, sie sind wie wir! – das macht den Sinn dieser kleinen vorliegenden Sammlung aus und das Vergnügen daran – hoffnungsvollerweise!

Editorische Notiz:

Textgrundlage der biblischen Erzählungen ist: »Die Bibel oder die ganze Heilige Schrift des Alten und Neuen Testaments nach der deutschen Übersetzung D. Martin Luthers – Neu herausgegeben nach dem vom Evangelischen Kirchenausschuss genehmigten Text«, herausgegeben von der Priviligierten Württembergischen Bibelanstalt in Stuttgart, 1925.

(Diese Ausgabe begleitete den Autor 1950 / 51 im Konfirmationsunterricht und seither.)

Weitere Veröffentlichen des Autors:

Alexander Gruber (Hg.) | Tiermärchen vieler Völker:
Band 1: Tiermärchen der Brüder Grimm
Band 2: Tiermärchen aus der Türkei
Band 3: Tiermärchen aus dem Vorderen Orient
Band 4: Tiermärchen aus Russland
Band 5: Tiermärchen aus China
Band 6: Tiermärchen aus Vietnam
Band 7: Tiermärchen aus Japan

Sindbad der Seefahrer
Die Konferenz der Kinder

Pendragon Verlag
gegründet 1981
www.pendragon.de

Originalausgabe
Veröffentlicht im Pendragon Verlag
Günther Butkus, Bielefeld 2022
© Copyright by Pendragon Verlag 2022
Alle Rechte vorbehalten
Umschlag und Herstellung: Uta Zeißler
Illustration: shutterstock / Singleline
Foto: Rasmus Smedstrup Mortensen
Gesetzt aus der Adobe Garamond
ISBN: 978-3-86532-786-4
Gedruckt in Polen

Alexander Gruber

Die Konferenz der Kinder

Chorwerk

CHOR WERK

LITERATUR bei Pendragon

Klappenbroschur | 64 Seiten | Euro 10,00 | ISBN: 978-3-86532-689-8

Soeur Chacunne? – wahrhaftig: Der Kleine Prinz von Antoine de St. Exupéry hat eine Schwester bekommen. Sie reist durchs All auf die Erde und spricht mit den Kindern. Die berichten ihr, dass schonungslose Kriege wüten, Wälder und Tiere sterben, und dass ihre Rechte – ja, Kinder haben Rechte! – missachtet werden. Sie wollen sich wehren und dagegen protestieren. Soeur Chacunne muss zurück ins All, wünscht den Kindern aber für ihr weiteres Leben ein ›hörendes Herz‹ in Arbeit, Wissen und Liebe.